Knowledge House & Walnut Tree Publishing

Knowledge House & Walnut Tree Publishing

十二波顛覆金融的新浪潮

——迎戰金融 4.0

前言
十二波席捲金融的大浪潮

我們處身於金融時代。現代社會，人們因為持有信用卡、炒股票、買保險而與銀行、證券、保險發生聯繫，還會購買餘額寶、銀行理財，參與眾籌，我們很難與金融絕緣。即使什麼都不做，我們的瀏覽紀錄、購物行為也會被採集，成為互聯網企業預測消費與投資行為的素材。更何況金融可以跨越時間和空間配置資源，已經成為經濟生活中的要素，不可或缺。

金融是如此重要，以至於金融業被置於嚴格的管制中，從機構設立、業務准入到定價機制，管制無處不在。片面地看，金融的歷史就是金融管制的歷史，金融業的創新是在突破金融管制，金融業門外的「野蠻人」顛覆傳統金融的產品也是他們受到較少管制的結果。我們應當如何看待這幾年金融業的種種變革？這成為「鴻儒論道」在金融領域選題的主要問題來源。

宏觀尺度上，中國金融體系是在兩條鮮明主線的引導下發生變革的：利率市場化與金融風險。《利率市場化勢如破竹》指出，隨著銀行理財、信託等融資管道的發展，利率市場化正處於加速狀態，金融脫媒❶現象明顯，新興金融機構開始活躍。利率市場化推高了傳統企業的融資利率水準，也釋放了風險。傳統金融不得不開始艱難的市場化轉型。

自二〇一〇年以來，金融體系風險是金融業乃至整個經濟體頭頂的達摩克利斯之劍（The Sword of Damocles）❷，債務水準較高是其最直接的顯現。《企業債致中國金融體系風險高企》採用信貸與GDP的缺口指標計算中國社會債務水準，中國的閾值顯著高於十個百分點，最新數據顯示二〇一四年三季度的缺口指標為十八點四個百分點，已經接近或者達到了傳統研究裡面的警戒線水準，其中企業債務金融風險是中國最大的系統性風險來源。這並不意味著政府的債務沒有風險。《貨幣幻境下的地方債懸崖》估算了中國各部門的資產負債表，二〇一二年底，中國五級政府債務規模二十八點五兆元左右，省、市和縣三級地方政府佔了十六點五兆元。按三種償債率口徑計算，地方政府都需要普遍、持續的借新還舊，它們實際上在玩龐氏遊戲❸。金融體系風險的高與低及風險化解的進程直接決定著金融業改革的推進力度和策略。

微觀尺度上，中國金融變革在兩個維度展開：傳統金融的突圍和新金融生態的顛覆。過去三十年的金融也是傳統金融機構轉型的歷史，金融機構從政府部門中分離，不斷的分化、多元化，形成今天銀證保分立的格局，同時還存在大量的民間金融。在利率市場化等的衝擊下，分業經營格局受到嚴重的影響，金融產品不斷創新，突破了現有的監管框架，影子銀行即是一例，也是今天中國的流動性過剩、低利率、信貸擴張、通膨、房地產泡沫等問題的根源。《影子銀行內幕》認為影子銀行的資產品質並不亞於銀行貸款，而且它們規模太小，還不足以威脅銀行系統。相比之下，互聯網金融中的**P2P**貸款，沒有擔保的**P2P**難成大器，易在競爭中落敗，有擔保的**P2P**則抬高了經營的難度，也限制了規模，其生存難度要遠遠超過其他金融業態。

---

❶「金融脫媒」（Financial Disintermediation），指金融反中介，即在金融管制的情況下，資金供給繞開商業銀行這個媒介體系，直接與需求者或融資者接洽，形成資金在體制外的循環。這是金融民主化的一種現象，肇始於廿世紀六〇年代美國。

❷達摩克利斯之劍借喻指：時刻存在的危險，或者隨時要有危機意識等。

❸龐氏遊戲，也稱龐茲騙局（Ponzi Scheme），是指騙人向虛設的企業投資，以後來投資者的錢作為快速盈利付給最初投資者以誘使更多人上當的騙局。龐氏騙局是一種最古老和最常見的投資詐騙，是金字塔騙局的變體。在台灣我們稱為老鼠會。此名稱來自一九一七年，查理斯・龐齊（Charles Ponzi）在美國波士頓虛設證券交易公司，兜售西、德兩國的國際回郵優待券，而坑掉四萬多名投資者畢生積蓄的事件。

傳統金融機構不僅遭受新金融業態的衝擊，金融業內部的話語權也越來越向銀行集中。《保險業能否飛得更高》指出保險業趨於邊緣化的尷尬境地，保險作為風險保障的主業發展緩慢，既制約了保險行業的擴張，也讓行業的發展方向不明。新形勢下，保險業在資金運用、壽險費率市場化、償付能力新標準、保險銷售管道創新等方面已經有了很多突破，在更市場化的環境下，對保險機構及其監管也是不小的挑戰。

與私人財富增值最密切相關的莫過於證券市場了。為什麼炒股不賺錢？為何經濟牛而股市熊？《最牛經濟難為股市另闢蹊徑》以國別、時序等數據為基礎，對比股市風險、股票定價、公司上市過程、下市過程以及關聯交易等問題，指出中國股市被經濟增長遠遠拋離並不意外。從問題的主次來看，上市門檻高與下市懲罰機制弱是股市與經濟脫鉤的主要原因。《資本市場該有怎樣的制度改革》從新股發行制度改革、多層次市場命題、資本市場對外開放和金融創新原則等四個層面梳理了改革的難點，也給出了資本市場頂層設計的圖景。其中新股發行制度改革行將結束，以IPO註冊制與轉板通道等上市、下市機制再造中國股市，中國股市前景可以期待。

與傳統金融機構艱難的轉型對應的是如火如荼的新金融業態，尤其是互聯網金融。二〇一三年以來，互聯網金融成為新聞熱詞，不僅是因為餘額寶、P2P等給廣大網民帶來實質性的利益，還因為互聯網金融衝擊了傳統金融機構的利益，金融脫媒、存款搬家，甚至現有的利率市場化的路徑都需要調整。《互聯網金融的顛覆、顛倒還是癲狂》以荷蘭、英國與晉商的創造性業態破壞原有金融秩序為例，指出餘額寶正是因為中國金融體系的落後，在金融自由化的環境下，使得餘額寶等新金融業態可以挾技術革命進入金融行業。因此，對新金融業態的監管應該回歸金融創新的本質、理性監管的框架，而不僅僅是為風險而監管，後者很容易被利益集團綁架，扼殺創新。

互聯網技術革命開啟了全新的時代，「大數據」一詞越來越多地被提及，人們用它來描述和定義資訊爆炸時代產生的海量數據，從城市交通到空氣品質，從消費行為到需求預測。《大數據時代的決策新思維》告訴我們，在大數據時代，無論是商家還是資訊的搜集者，會比我們自己更知道我們可能想幹什麼，這也意味著我們要讓渡更多的個人隱私權。當然，「大數據」並不是萬能的，對於「黑天鵝」事件❹，它仍然會束手無策。儘管如此，這並不妨礙大數據為我們帶來便利，《金融與電商爭雄，大數據如影隨形》聚焦金融與電商行業，解析大數據如何在多個領域幫助人們決策與判斷。

隨著互聯網金融的業務擴張，個人徵信需求出現爆發性增長，市場規模高達數千億。《線上交易，個人資訊流向何處》介紹了全球最大的徵信系統（中國國家金融信用資訊技術數據庫）的構建原則與數據來源，並以最新數據解析互聯網金融產生的個人資訊及信用評級問題。新金融業態將借方與貸方直接融合的業務模式，不僅打破了正規金融機構對金融業務的壟斷，也迫使傳統金融機構往下

❹「黑天鵝」事件：簡單地說，黑天鵝事件是指非常難預測，且不尋常的事件，通常會引起市場的連鎖負面反應。此名稱來自塔雷伯（Nassim Nicholas Taleb）所著，談隨機和不確定性的書：《黑天鵝》（The Black Swan）。在十八世紀之前，歐洲人只見過白色的天鵝，在他們看來，天鵝只能有白色的。直到歐洲人發現了澳洲，看到當地的黑天鵝後，人們才知道：原來天鵝不只有白色的。因此，只需一個黑天鵝的觀察結——以往認為對的不等於以後總是對的。「黑天鵝」隱喻那些意外事件：它們極為罕見，在一般的預期之外，且在發生前沒有任何前例可以遵循或依據，但一旦發生，就會產生極端的影響。在作者看來，「我們的世界是被極端的、未知的、不可能的事情主宰著。此時應把不可預知的事情當作起點而不是當作例外放下不管，尤其在黑天鵝開始繁殖的情況下」。

看，發力轉型。未來，隨著更多的數據納入徵信系統以及資本進入徵信業，個人徵信在資訊公開、使用與隱私保護等方面還將面臨很多挑戰。

我們也要看到，金融改革的難點，除了傳統金融機構大而難以轉身、新金融業態弱小且依附於傳統金融機構等金融體系的固有問題，金融也因深嵌於中國社會，受困於經濟體制的痼疾，國企的非中立角色、決策對金融市場的多目標要求等都在扭曲金融發揮資源配置機制的有效性。而這些，受限於篇幅，我們未能深入討論，期待於未來再向各位讀者呈現。過往發生的歷史講述的不只是死掉的過去，還清楚地向我們展現了不同時間、不同制度之間轉換的邏輯，瞭解它們才是我們掌握未來的最佳手段。

最後，感謝劉鴻儒先生對「鴻儒論道」的殷勤指導和關懷，感謝鴻儒金融教育基金會和上海金融與法律研究院諸位同事的辛苦工作，感謝長安信託和東英集團的支持，感謝所有的演講人和評議人，以及為「鴻儒論道」提供幫助的朋友。

魏本華　二〇一五年三月十六日

目錄

Contents

Contents

目　錄

Contents

目錄

Contents

CHAPTER 12

金融與電商爭雄，大數據如影隨形 229

CHAPTER 1
大數據時代的決策新思維

何帆
中國社科院世界經濟政治研究所副所長

引言

「大數據」一詞越來越多地被提及，人們用「大數據」來描述和定義資訊爆炸時代產生的海量數據，並命名與之相關的技術發展與創新。從城市交通到空氣品質，從建築設計到影視製作，大數據分析應用已經滲透到我們生活的各個方面，並將改變人類社會的命運。那麼，大數據時代在帶給人們諸多便利的同時，又存在著怎樣的風險？海量的數據，是否也會導致隱私的洩漏？成為數據資本家的工具？甚至誤導人們的決策？

本章從統計學應用出發，探討在大數據時代，我們如何顛覆舊有思維。

阿西莫夫的錯誤

有一個很有名的科幻作家叫做阿西莫夫，寫過《銀河帝國》，也就是「基地系列」。據說賓拉登就是看了他這套小說，把自己的組織起名為「基地組織」。阿西莫夫在書中描畫了這樣一個場景：未來有一個銀河帝國，在銀河帝國最繁榮的時候，最有才華的數學家謝頓宣稱，只要數據量足夠大，他就能夠預知未來歷史的變化以及潛在的危機。當時銀河帝國的人口已達上兆，足夠他準確預測未來的變化。所以謝頓悄悄建立了「基地組織」以及「第二基地組織」。當出現「謝頓危機」時，大家就把他事先錄好的影像調出來。謝頓在錄像裡會闡述已經預測到的此次危機及其百分之九十九的發展可能性，並告知人們要怎麼做。

阿西莫夫無疑是一個天才科學家，但我覺得他對大數據❺時代的預測完全錯誤。他認為大數據時代，人類能夠預測未來，但是預測不出每個人的行為。實際上在大數據時代，我們能夠預測出的恰恰是每個人的行為，而無法預測的卻是未來。

❺大數據，或稱巨量資料（big data, megadata），指需要新處理模式才能具有更強的決策力、洞察發現力和流程優化能力的海量、高增長率和多樣化的資訊資產。普遍認為通過大資料技術和科學的進步，能更好地預測人類行為。

統計學應用的極致

從根本上來講，大數據方法論的歷史非常漫長。最早人們從自然科學、醫學中慢慢知道統計學，明白統計學能提供非常重要的規律。比如說在公共衛生領域，研究傳染病很難，因為發病快，病人馬上就死了，很難像對待癌症那樣，去研究它的病理，那麼最後是怎麼發現傳染方式的呢？以霍亂為例，當時的科學家最後其實就是通過兩張地圖——霍亂病人的分佈圖和倫敦水井的分佈圖發現規律，認為霍亂的出現可能跟飲水有關。

又過了一段時間，物理學發展到量子力學，出現了海森堡測不準原理[6]。社會科學更是如此，從本質上講，一切的社會現象都是統計現象，並不像實驗室裡的試驗那樣有明確的因果關係。所以從本質上來看，經濟學供求定理等也是統計規律。統計學如此重要，可我們認知能力中最差的恰恰正是統計思維。

二〇〇二年諾貝爾經濟學獎得主心理學家丹尼爾・卡尼曼（Daniel Kahneman）曾指出，我們頭腦中有兩套思維，一套思維是本能的，比如我們的語言能力、模仿能力、第六感等都是與生俱來的。美國麻省理工學院的語言學家喬姆斯基也說過，小孩子為什麼到三歲就能學會說話，而要到十多歲才能學會微積分呢？語言學得這麼快，不是小孩「學」會的，而是嬰兒在出生時大腦中就預裝了一套系統。此外察言觀色的能力也不用特意學或教，所以這是人類的第一套思維系統，也是能夠讓我們快速反應的系統。另外一套思維系統，是當我們做數學推理，尤其是統計分析時需要用到的有意識的推理系統。這套思維系統運轉得很慢，因為所佔「內存」太大。從這一角度來看，我們平時犯錯誤往往是因為僅使用本能思維，決策太快，而疏於使用第二套系統，進而導致統計判斷方面出現問題。

大數據是一個新現象嗎？當然是。但它的方法論的歷史已經非常悠久了。現在大家突然熱議大數據，主要是因為一方面數據越來越多，未來可能會出現瞬間計算的新時代；另一方面，能夠被數據化的東西也越來越多，過去只有數字，而會計制度出來後，經濟活動也開始可以通過記賬被數據化。

文字、圖像也可以被數位化，我們用 iPad 或 Kindle 閱讀電子書，就是文字和圖像數據化的例證。再講一個故事，美國曾有一樁著名的醫院醜聞：一名醫生工作時偷懶，在印度找了兩個在美國上過醫學院的哥們，下班之後把拍的片子傳到印度，然後自己回家睡覺。印度的兩個人則替他把報告寫好，等美國醫生早上醒來，報告已從印度傳了過來。為什麼這名美國醫生能夠作弊成功呢？就是因為圖像傳輸已完全實現數位化，而且越來越高清。

方位也能夠實現數位化。如果你不知道自己在哪兒，沒關係，打開手機上的地圖或導航應用，它就會幫你定位，還能發給他人。社會關係也可以越來越數位化，你的朋友圈、臉書主頁、微信群都能夠被當成數據進行分析。

現在能夠變成數據的東西越來越多，計算和處理數據的能力也越來越強，一旦把統計學和現在大規模的數據融合在一起，將會顛覆很多我們原來的思維。

---

❻ 編按：海森堡測不準原理（Heinsberg's Uncertainty Principle）有時也被譯成海森堡不確定性原理，是指在量子力學系統中，一個粒子的位置和它的動量不可同時被確定。

賭上全部聲譽的普林斯頓教授

大數據能幹什麼呢？太多有意思的事情了。比如傳統的品酒活動需要有專業品酒師，這些大師經過長年訓練，舌頭跟普通人長得不一樣，他們可以品出一九九二年的酒比一九九三年的好，所以過去是靠天賦來品酒。普林斯頓大學有一個英語學教授，他很喜歡喝酒也愛儲藏葡萄酒。每年都要等品酒師的報告太麻煩，於是他想到是否可以依靠數據，分析出酒的品質。他找來降雨量、平均氣溫、土壤成份等數據進行分析，並建立了一個網站，告訴大家選酒的秘訣。當他公佈研究成果時，引起了業界的軒然大波。

通常當年的葡萄收穫後要經過一段時間發酵，酒的味道才會好。所以很多品酒師品的不是葡萄酒，那時葡萄酒還沒有真正做成，他們品的是發爛的葡萄。因此在那個時間點就預測當年葡萄酒的品質是比較冒險的。再加上人的心理因素也會影響預測：地位越高的品酒師，預測越保守；而剛出道的品酒師往往會「語不驚人死不休」。這就好像有些專家說北京的房價會漲到五十萬元／平方公尺，可要是去問林毅夫老師：「林老師，請問今年中國股市會怎麼樣？」他肯定會告訴你：「有百分之五十的可能性會漲，但也有百分之五十的可能性會跌。」要知道，一旦他預測錯了，要損失的名譽代價是很大的。所以頂級的品酒大師一般都不敢貿然論斷。

但普林斯頓大學的這位英語學教授不同，他憑藉統計數據，有一年突然預測說當年的酒是百年來最好的酒。大家嘩然，怎麼敢這麼說？太瘋狂了。更瘋狂的是到了第二年，他預測當年的酒比去年的更好，並賭上了自己的聲譽，但事實證明，他預測對了。因此許多品酒師在做評判之前，都會先到他的網站上看看，再做出自己的判斷。有很多規律我們不知道，但它潛伏在這些數字裡頭。

《魔球》（*Moneyball*）也是一部和搜集數據有關的電影，講的是球探怎麼找到潛在的棒球運動員。最初靠經驗，到處去看誰有潛質，把一場場賽季的球賽看完後，決定人選。但怎麼評斷誰打得好呢？很多時候只能靠瞎蒙。電影裡有一個場景，一幫球探聚在一起評價某個球員到底好不好，其中一個球探說：「他不好，女朋友長得太難看了。」有人問女朋友長得好壞和打球好壞有什麼關係呢？球探說：「女朋友長得難看，說明他的自信心不行，所以打球不會很猛。」這當然完全是胡扯。電影裡還有一個橋段：原來沒什麼名氣的球隊，突然找到一個另類的經濟學碩士。經濟學碩士說只要把數據給我，我就能幫你找到好運動員。此話一出，相當於顛覆了整個行業規則，引發無數質疑：不去現場觀看球賽，僅憑球員原有的賽季紀錄，怎麼可能知道該球員是不是合適。可事實勝於雄辯，劇情發展到最後，出現了一個新的領域——用計量經濟學來尋找棒球界的明日之星。

我們從這兩個案例能夠推出什麼來呢？在大數據時代，因為數據很多，很可能可以找到相關性，但也因為數據太多，未必能夠理解為什麼是這樣。但只要能先找到相關性，就很不錯了，如果運氣再好的話，可能會找到內在的因果關係。只要善加利用「知其然」即可，畢竟大部份情況下你不一定會知其所以然。

看透你的沃爾瑪和賭場

美國一家大型連鎖商店裡，有一個專櫃賣嬰幼兒產品。因為客戶資訊很多，商店發現當人懷孕之後，行為會出現改變。更多的孕婦們會選擇沒有香味的洗髮水，在選擇營養品口味上也和懷孕前不同。因此商店便根據客人購買行為的變化，預測其是否可能懷孕了，然後給潛在懷孕的客人寄去嬰幼兒產品傳單。一天，一個父親很憤怒地找上門說：「我女兒才上高中，你們現在天天給她寄嬰兒尿布、奶粉的廣告是什麼意思？鼓勵未婚懷孕嗎？」商場很快回應：「對不起，我們搞錯了！」過了一個星期，這個爸爸又回來，說：「是我搞錯了，我女兒已經向我坦白，她真懷孕了。」

大數據中還有一個沃爾瑪的經典故事。這家超市最早發現了尿布和啤酒的銷售是呈相關性的。一開始誰也不明白這兩個東西怎麼會相關？後來研究發現當家裡有了小孩之後，買尿布的任務往往是讓新爸爸去幹的。雖然爸爸對孩子的出生貢獻並不大，但他自己覺得很有成就感，所以買完尿布後會順便買一瓶啤酒犒勞自己。因此沃爾瑪索性把啤酒和尿布放在一塊兒，啤酒的銷售量一下子增加了。當然這個經典案例也很有爭議，因為統計學裡最基本的概念就是，相關關係不一定是因果關係。所以即使是很強的相關關係也很有可能是偽相關。但在大數據時代，起碼原來找不到的相關關係現在能找到了。

為什麼會有這些相關關係？怎麼憑藉這些相關性就能知道行為規律？一個更深層的概念是人和人是一樣的。當把一個人特列出來，可能很有個性，但當人口樣本數量足夠大時，就會發現其實每個人都一樣。

以賭場為例，去賭博前要在門口先辦一張電子磁卡，而在辦這張電子磁卡時，相關的個人資訊已經被賭場獲取了。例如第幾次來、年齡、種族、職業等。賭場就此建立了一個龐大的數據庫，拿到數據後開始建立相關性。

人跟人的確是不一樣的，有的人到賭場輸了十元就心疼得睡不著覺；有的人輸幾百萬也面不改色。但不管是誰，都會有一個痛苦點。例如王大錘去賭場玩，在踏入賭場、辦理好電子磁卡的那一刻起，他的個人資訊已經被賭場收集：中國人、男性、三十五歲、土豪。賭場會通過數據庫預測此人的痛苦點將在一萬美元左右。當他輸到九千八百美元的時候，奇蹟發生了，旁邊會突然出現一位年輕貌美的公關經理說：「先生玩得很累了吧？我們的賭場剛請了一位名廚，會做世界一流的法國大餐。恭喜您，您被選為幸運顧客。要不要帶著家人去享受法國大餐，休息一下呢？」為什麼服務這麼好？因為他的最後一分錢已經被賭場搾完了。

為什麼賭場能夠精準預測客人的行為？因為不管是誰，當在同一家賭場裡輸的錢超過了痛苦點之後，都會覺得這個地方太背，從此再也不想踏進這家賭場一步，因為已經輸得噁心了。從賭場的角度來看，最好的選擇自然是當賭客快要達到痛苦點時，讓他們住手。

這徹底顛覆了原來經濟學教科書告訴我們的道理：因為消費者之間的資訊會互相溝通，所以沒有辦法進行價格歧視。比如一件衣服到底賣什麼價格，不同人的心裡底價是不一樣的，特別喜歡這件衣服的人花一萬元也願意買，不太喜歡的人五千元可能是他的價格極限。但是商家必須要統一標價，不能來一個顧客換一個價錢。儘管有很多消費者是懶惰的，不管多少錢，過去拿了就走。但是也有精明的消費者，為了買一把椅子，會把城市裡的所有傢俬商城都跑個遍，最後找到最便宜的那把椅子。一個懶惰的消費者只要跟著精明的消費者，就能知道哪裡的價格最低。商家是沒有辦法進行價格歧視的，更沒有辦法壟斷資訊。不過在互聯網大數據的時代，一切都不一樣了，商家很可能可以針對每一個顧客進行精準的價格歧視。

現在我們的很多行為都比較粗放，航空公司給我們辦理里程卡，根據飛行公里數來累計里程，但其實不同顧客所飛行的不同里程對航空公司的利潤貢獻是不一樣的。所以有一天某位顧客可能會收到一封信：「恭喜先生，您已經被我們選為幸運顧客，我們提前給您升級為白金卡顧客。」這說明這個顧客對航空公司的貢獻已經夠多了。有一天銀行說：「恭喜您，您的額度又被提高了。」說明錢已經花得太多。

正因為在大數據規律面前，每個人的行為都跟別人一樣，沒有本質變化，所以商家會比消費者更瞭解消費者的行為。也許你正在想，工作了一年很辛苦，要不要去哪裡度假？打開郵箱，航空公司、旅行社早已發來郵件。或者在你還不自覺的情況下，體檢公司、醫院已經開始建議你趕緊去做檢查，並指出你可能患有的疾病。商家比你更瞭解你，以及你這樣的人在特定情況下會出現的可能變化。

再談一個實證醫學❼的案例，我們熟悉的美劇《豪斯醫生》（*House, M.D.*），它的醫學顧問就是有名的循證醫學顧問。最初的醫學按照病理學尋找治療辦法，但其實很多時候是瞎蒙。比如在某一發展中國家，醫生因為不滿報酬罷工，但人口死亡率卻明顯下降了，說明大部份人可能是被誤診治死的。循證醫學很早就存在，但一直屬於異端。在細菌還沒有被發現的時候，就有一個醫生發現，當主刀醫生從停屍房回來後直接做接生手術，產婦的死亡率會明顯提高。因此他建議醫生從停屍房回來後用肥皂洗手。雖然這在我們現在看來是很正常的事情，但當時的人們沒有細菌的概念，洗手跟死亡率有什麼關係呢？那位醫生就說：「我也不知道有什麼關係，反正聽我的就行，洗完手之後再去接生。」為什麼現在醫院裡又開始推動循證醫學，因為雖然不知道是怎麼回事，但按照大數據顯示的關係去做，效果很明顯。

某種程度上，這是模仿航空公司的經驗。飛行員的違規操作會引起事故從而導致整架飛機墜毀，因此一切都要嚴格按照操作手冊行事。但醫生在過去並沒有執行得這麼嚴格。按照循證醫學，治病的第一件事不是去研究病理，而應該用過去的數據研究，在相同情況下該如何治療。這導致專家和普通人之間的資訊優勢沒有了。原來人們相信醫生，因為醫生知道的多，但現在每個人都可以到谷歌上查一下，瞭解自己得了什麼病。其實在上文的品酒案例裡頭，我們就可以看到，品酒專家和門外漢之間的資訊優勢也沒有了。谷歌有一個機器翻譯團隊，最開始翻譯之後的文字根本看不懂，但是現在百分之六十的內容都是通順的。谷歌機器翻譯團隊裡頭有一個笑話，說只要團隊裡每離開一個語言學家，翻譯品質就會提高。越是專家越搞不明白，但打破常規讓數據說話，得到真理的速度反而更快。

❼實證醫學（Evidence-Based Medicine, EBM），為衍生自臨床流行病學的一門新興學科，強調醫學研究需遵循科學證據，核心思想是「任何醫療衛生方案、決策的確定都應遵循客觀的臨床科學研究產生的最佳證據」。與傳統醫學相較，傳統醫學是以經驗醫學為主，即根據非實驗性的臨床經驗、臨床資料和對疾病基礎知識的理解來診治病人。循證醫學的形成和發展對醫學研究，尤其是臨床醫學，以及醫學教育、衛生事業管理和醫學資訊研究產生了巨大的影響。

白癡的美國兒童節目

我們說中國的教育太繁瑣，都是填鴨式。但其實美國現在的教育也逐漸開始向標準化靠攏。美國是最早用數據分析來做兒童節目的國家，但我們看他們拍的兒童節目，從《芝麻街》到英國拍的《天線寶寶》，似乎都很弱智，可這就是數據分析的結果。電視台每製作出一集新的《芝麻街》動畫片，都會邀請一些孩子們來觀看，播出的測試版動畫片中會隨機出現卡通圖案，電視台會就此觀察孩子們什麼時候分神。如果小孩在看這段動畫片時，老是去看卡通圖案，那說明他沒看懂，或者不吸引人。當然你不知道他為什麼看不懂，因為好多小孩話都還不會說，但你知道他不喜歡這一段。為什麼《天線寶寶》語速要很慢，還要不斷重複台詞？也是因為數據分析發現孩子的學習其實就是重複的過程。對孩子來說，他的學習、娛樂，就是要不斷地重複。

《華氏911》（*Fahrenheit 9/11*）❽是一部諷刺美國前總統小布希的紀錄片。紀錄片中「911」襲擊消息傳來時，小布希正在一間小學教室裡跟著任課老師朗讀：「一隻小羊去喝水，一隻小羊去喝水。」小布希為什麼要坐在教室裡面重複這句話呢？這反映了美國教育界的一項爭議：直接教導法，也就是填鴨式教育。所有的老師在寫好教案後，要按照教案教學，比如到三分五秒的時候，要開始教一句話並重複十五遍，再開始教下一句，一步步來。按照我們的常規想法，會覺得這樣扼殺了孩子的天才思維，但實際上這樣才符合小孩的認知規律。這種直接教導法會縮小成績差距，能使那些學習成績差的孩子受益，他們學起來會更容易，自信心也會提高。

在大數據時代，無論是商家還是資訊的搜集者，會比我們自己更知道我們可能想幹什麼。但是也有風險！大數據時代得到的資訊越多，就意味著更多的個人隱私權要讓渡出來。而讓渡出來之後，會有很多意想不到的結果。現在的數據還沒有真正得到挖掘，如果真正挖掘的話，通過信用卡消費紀錄，可以成功預測未來五年內的離婚率。那你願不願意知道這個概率呢？

在美國大導演史蒂芬・史匹柏執導的電影《關鍵報告》（Minority Report）中，美國警察擁有一個海量數據系統，它能夠預知人類的犯罪傾向。為了杜絕犯罪行為，警察會在得知嫌疑人名字時將其抓住。如果根據大數據的分析，一個人今天殺人的概率是百分之九十，能不能在他沒有作案前就把他關起來呢？如果知道我的汽車到天安門廣場上去撞華表的概率是百分之八十，警察能不能在四環就把我攔下呢？

以前的企業巨頭是製造業，後來變成了零售業，再後來變成了金融業，而在金融危機之後，金融巨頭的勢力在下降，真正在美國崛起的是西海岸的新一批資本家，都是玩數據的。以前他們還年輕，比如「臉書」的創始人在建立網站時肯定想不到他也能影響政策。如果他要影響政策，首先會反對政府徵稅，繼續保持自己享有的稅收優惠；另外也會堅決反對任何試圖保護數據隱私的規則。因為企業的盈利來源就是分析數據以及銷售數據。如果數據的使用不再方便，類似亞馬遜、「臉書」這樣的互聯網企業未來要如何發展？在互聯網企業壯大的今天，最後人們丟失的隱私只會越來越多。

❽《華氏911》，麥可・摩爾（Michael Francis Moore）於二〇〇四年導演、監製的紀錄片。影片描述、批判小布希總統在「911」事件後的瘋狂反恐戰爭和對媒體的控制，以及暗示布希家族與賓拉登家族之間不尋常的密切關係。

無法預測的金融政治危機

真正要提醒大家的是，其實有些事大數據也沒有辦法完成，比如預知未來。因為未來會發生的變化和現在的變化非常不一樣，沒有路徑的依賴性。為什麼大數據能夠預測個人行為？因為這太簡單了，假設當人數樣本足夠大時分佈是正態的，正常人的概率最高，天才人物很少，智障人類也很少，那麼大部份人的行為都是可以被預測的。金融危機告訴我們，原來的經濟學理論、金融學理論都存在巨大缺陷。按照傳統的標準正態分佈狀的金融學模型，二〇〇七年及二〇〇八年的金融危機大概二百五十億年才會爆發一次，地球都沒有那麼長的壽命。但為什麼打開新聞，遇到了五十年不遇的旱災、一百年不遇的水災、歷史上從來沒有過的上海霧霾天氣等。怎麼都讓我們趕上了呢？這種「黑天鵝」事件即使在大數據時代，也仍然沒有辦法預測。

《黑天鵝》中有一句話非常好：「你不知道的事情比你知道的事情更重要。」很多東西我們沒有辦法把它數據化，也沒有辦法預測。但如果數據足夠多，會讓人產生一種幻覺，以為有能夠看得見、摸得著的規律，藉此就有足夠的能力把握未來。往往在人們過於自信的時候，會犯更大的錯誤。到目前為止，越是大的系統性危機，人們越束手無策。美國金融危機爆發後，前美國聯準會主席葛林斯潘到美國國會作證：「我發現了一個缺陷，但我不知道它有多麼嚴重，也不知道它會持續多久，這件事情使我深感苦惱。」有一個國會議員馬上打斷他：「葛林斯潘先生，你的意思是不是說你根本不知道為什麼會發生這次金融危機？」葛林斯潘說：「是的，因為在過去四十多年甚至更長的時間裡，我都有強有力的證據證明我的做法會如心中所想。」這麼大一場危機到來了，聯準會的掌舵人卻不知道為什麼會發生！

一九九一年蘇聯解體，原來不可一世的帝國在一瞬間灰飛煙滅。

如果去問戈巴契夫為什麼蘇聯會解體，他大概會說：「我不知道，沒有人跟我報告。」「911」恐怖襲擊以前，除了「珍珠港事件」，美國從來沒有在本土遇到過這麼大的災難。當時前總統小布希發表電視講話：「誰打我，我絕不善罷甘休。」但當他發表這個電視講話時，作為美國總統，他連敵人是誰都不知道。所以在未來，真正需要我們引起高度警惕的是：即使擁有大數據，也沒有辦法完全預知系統性的事件和危機，例如「黑天鵝」事件。

怪招迭出的以色列間諜

《信號與噪聲》（*The Signal and the Noise: Why Most Predictions Fail but Some Don't*，又譯為精準預測：如何從巨量雜訊中，看出重要的訊號）中講到：：真正的信號是有用的資訊，而沒用的資訊則是干擾決策的噪音。「我們總覺得資訊量越大，能夠得到的真理就越多。其實不是，資訊增長的速度要遠遠快於真理增長的速度。」在資訊中，噪音所佔的比例會越來越高，所以不要以為數據越多，就能離真理更近，有時候資訊越多，噪音越多，反而會干擾決策。所以有時知識的邊際收益是遞減的。

為什麼會出現這種情況？因為從本質上來說，世界是一個複雜體系，而複雜體系從理論上講是不可預測的。

數學家和物理學家已經做過實驗，最簡單的複雜體系就是沙堆。沙子堆到最後，只要再往上放一粒，整個沙堆就會像雪崩一樣倒塌。這是一定的，不然沙堆豈不是可以堆到月亮上去了。但人們沒有辦法預測，何時再往上放一粒沙子沙堆會倒塌。即使用電腦也預測不了。因為每粒沙之間都是相互聯繫的。原來有一百粒沙子，再放第一百零一粒沙子後，原來一百粒沙子之間的關係都會自動改變，所以計算量會呈幾何級數倍增，到最後越來越複雜，永遠不可能把每一個未來可能出現的情況都預測出來。

那就聽天由命嗎？也不是！我們還能夠更接近事實真相，這時候我們要訓練的是在紛繁複雜的現象之中，尋找表面上沒有關係的事物之間的內在聯繫。以色列有位傳奇式的間諜頭目——法卡石，他曾被指派尋找真主黨游擊隊坦克的隱藏地點之任務。在執行任務時，他盡出怪招，不使用已經很發達的竊聽或是衛星技術，而是派人到敘利亞的首都大馬士革看晚上演什麼戲，到黎巴嫩的首都貝魯特調查保母是否搶手。大家都很疑惑，他這到底演的是哪齣戲？看起來沒有聯繫的事物之間其實是有聯繫的。敘利亞是個很窮的國家，所以有大量勞動力流動到黎巴嫩打工。如果黎巴嫩的保母市場火熱，則說明其經濟繁榮，會有更多敘利亞勞工到黎巴嫩打工。敘利亞的外匯收入有了保證，大馬士革就會歌舞昇平。這時候可以放心，敘利亞沒有興趣攻打以色列。可一旦黎巴嫩經濟下滑，敘利亞經濟也會隨之受到影響，導致敘利亞民怨四起。其時敘利亞政府很容易將人民的悲慘生活歸咎於萬惡的以色列人，因此出兵以色列，此時國家就有風險了。

看起來沒有聯繫的事物之間，實際上是有聯繫的，一定要去尋找萬物之間的普遍聯繫。實驗心理學家奈斯比特做過一個實驗，研究東方背景的學生和西方背景的學生的認知差異。他把兩方背景不同的學生招到實驗室裡看圖，圖上畫有一隻待在森林裡的老虎。他用儀器專門記錄下學生看圖時眼睛的軌跡後發現，西方的學生很有規律，先掃一下這張圖，發現圖的主題是森林中的老虎之後，就盯著老虎看。但如果把同樣的圖給東方學生看，東方學生的眼神很散亂，先看老虎，再看樹林，再看畫框，再看老虎的尾巴。對西方人來說，這很沒邏輯，並且無法理解。教授解釋這是東方人的本能，他們一定會在掌握全部背景資訊後，才敢下判斷。比如你只是想向當官的朋友簡單打個招呼：「最近過得好不好？」對方卻肯定會先想，這句話什麼意思呀？可能要過半小時，在他努力找到所有可能的背景資訊後，才會回應你究竟是好還是不好。這種本能也影響到東方和西方思維在各個方面的不同。

克勞塞維斯的《戰爭論》中說打仗就是集中優勢兵力，攻擊別人的薄弱環節。觀察是左翼還是右翼薄弱，然後用炮兵猛轟薄弱環節，打開一個缺口，敵人一潰逃就去追。而東方人講究不戰而屈人之兵，於是快要打仗了，會老琢磨別的事兒：派個美女過去行不行？離間計行不行？把對方爸爸抓過來威脅，熬一鍋湯給他喝行不行？找幾個兒童，編一首童謠去散佈謠言行不行？快打仗了，還琢磨這些幹什麼？最後發現還真管用。西方人只認巴頓這樣的常勝將軍，而中國人的最高境界叫無名將軍，你不知道他打過仗，他從沒打過仗，每次派個美女就搞定了。中國人不太適合做邏輯推理，但在看起來沒有聯繫的事物間找到普遍聯繫這件事上卻很有優勢。

在分析未來的時候，要多關注慢變量。快變量能夠讓人們尋找到它的變量，但要用它推測未來長期的變化不太管用。慢變量數量很少、變化小、不高頻、沒有直接聯繫，卻往往有關鍵作用。比如有人問，為什麼海上有波浪？如果信奉快變量，肯定會很快回答因為今天颳風了，無風不起浪。但海上有波浪，最主要的原因是月亮。月亮離我們很遠，沒有任何直接的關係，而且它掛在那裡幾十億年沒有變過。但月亮才是產生海上潮汐最根本的原因。所以有時候關鍵不在於數據的多少，而在於能不能夠找到內在的聯繫。

給自己的森林放把火

最後講一講如果我們未來的世界越來越相互聯繫，有越來越多的風險，到底該怎麼辦？推薦一本書叫《恢復力》。我們現在都想怎麼才能跟別人連起來，可一旦連接起來，系統性的風險就會提高。一旦把所有金融體系全部連起來，風險就大了。假如鄂爾多斯的房價下跌了、溫州的房價下跌了，人們的資產負債表就得重啟。好處是能夠享受更多的規模經濟，但一旦出現系統性危機，可能會死無葬身之地。

我們既想連接起來，又想避免風險，就得有安全島策略。舉個例子，赤壁大戰時曹操把船全部用鐵鏈連起來看似非常好，這樣士兵在船上如履平地，就不暈船了。但一旦著火，也會全部被燒掉。其實稍微做一點技術改進就行了，比如把一個鏈條做得跟別的不一樣，留一個缺口。一旦著火，把這個鏈條砍斷，別的還安全。原來智能電網的設計也是全部連起來，現在的設計，則是讓每一個模塊更簡單並可複製，最後將一個個小模板連起來。之後如果出現問題，就把它砍斷，而電網還能夠正常運轉。

這其中的啟發是一方面要把它連起來，另外一方面要想到，萬一出現系統性危機時如何處理。物理學、地震學、氣象學、森林科學等各種自然科學總結出一個規律：大風險和小風險都是一樣的。這一結論和我們的認知模式剛好相反，我們總覺得小危機有小原因，大危機有大原因，這也是為什麼《陰謀論》在中國很好賣。我們總相信大事件的背後有一個大的原因，如果我說第一次世界大戰其實就是擦槍走火打起來的，很多人肯定不信。他們會說這麼大的事一定有陰謀，甚至美國金融危機的發生也一定是一場大陰謀，但歷史有時候真就是偶然的。

實際上大危機和小危機的原理都一樣，就好像雖然八九級的地震和二三級的地震原理一樣，但二三級的地震連感覺都沒有，八九級的地震卻可以摧毀城市。交通事故也一樣：一輛車軋了行人的腳，和一輛車撞死行人，可能都是因為行人闖紅燈了。歷史規律的本質就是偶然，沒什麼必然。人一生中最大的歷史事件——出生，就是偶然。如果相信小危機和大危機都一樣，那麼在進行危機防範的時候，一定要容忍小危機。容忍小危機才能夠看清楚危機原理，才能節約資源去防範大的致命危機。

過去，很多時候我們對小危機是零容忍的，這不對。有這樣一個故事，因為美國森林公園經常出現森林大火，最後森林防火隊就下了死命令，只要有火，就一定要撲滅。但後來火卻越撲越大。因為一旦森林起火，就要撲滅的話，那麼森林老化的速度會加快。森林中那些枯枝敗葉，都是易燃物質，只要有一根火柴把它點燃了，火災就會迅速蔓延。所以最後防火隊痛定思痛想了一個辦法，如果火災不是人為的，且在可控制範圍內，就不管它。甚至有時森林防火隊會主動放一把火，燒出一些隔離帶，等真有火災的時候，燒到隔離帶火勢自然停下來。所以我們必須主動去承擔小風險，這是防止大風險的最好辦法。就好像防止森林火災最好的辦法，就是自己先放一把火。

這些都是大數據時代帶給我們的啟發。如果我們把它應用得淋漓盡致，能夠找到原來看不出來的很多規律；但是大數據時代也有它沒辦法完成的任務。我們最容易犯的一個錯誤，就是只看到大數據的好，卻忘記了它可能存在的風險。如果想避免風險，就一定要做好危機的防範。

CHAPTER 2

互聯網金融的顛覆、顛倒還是癲狂

陳龍

阿里巴巴螞蟻金融服務集團首席戰略官

引言

二〇一三年以來，互聯網金融成為新聞熱詞，不僅因為互聯網行業帶來的眼花撩亂之金融創新，還因為餘額寶、**P2P**等給廣大網民帶來實質性的利益。此外，互聯網金融更衝擊了中國傳統金融機構的利益，金融脫媒、存款搬家，甚至現有的利率市場化的路徑都需要調整。有相當多的人認為互聯網正在顛覆傳統金融行業。本章談互聯網金融以史為鑒，從金融本質、金融發展歷史，以及未來互聯網金融監管的角度去思考這個課題。互聯網金融究竟是顛覆了傳統金融行業，還是未來將走向癲狂？

馬雲曾講過：銀行不改變，我就改變銀行。大家特別關心的是，為什麼互聯網公司能做金融？互聯網金融能走多遠？最後如何去監管互聯網金融？這是我們大家特別關心的三個話題。對此有很多不同的觀點，我把它們歸納為四大派別：

一、新聞報導派。關於互聯網金融有很多的媒體報導，比較典型的一種是A互聯網公司做了金融的事情，另一種是B金融企業互聯網化了。新聞報導派的問題是講不清邏輯在哪兒，深度不夠。

二、互聯網嚇死人派。這一派認為互聯網金融很厲害、很了不得。至於為什麼很厲害，很了不得，他們永遠語焉不詳也不關心，總之一句話：互聯網金融了不起。

三、互聯網金融噱頭派。這一派認為互聯網金融就這麼回事兒。原來是一些銀行行長持這種懷疑態度，現在這派低調些了，因為銀行真感到有點兒痛了。

四、雞同鴨講派。關於互聯網金融，互聯網公司會說我們追求的是用戶體驗至上，但傳統金融機構說我們追求用戶安全至上，兩邊說的都很有道理，但這是雞同鴨講。儘管可以吵到天黑，可實際上溝通效率非常低。

思考互聯網金融最正確的方法

總括而言，這四派都沒有講到點子上，從金融的本質出發，才是互聯網金融最正確的思考方式。如果要對金融做一個簡單定義的話，我認為它是：金融機構通過金融平台、金融產品和服務把資金在借入者和投資者之間做有效率、低成本、風險可控的傳導。

金融的本質

金融的功能我認為有三個：第一個是支付功能，全世界最古老的金融產品是錢，所以支付功能是金融的第一個功能；第二個是融資和投資，也就是定義中所說的傳導的功能；當然，金融機構還有匹配金額、期限、風險、流動性等約束條件的第三個功能。但請記住：金融最重要的功能是支付，然後才是融資和投資。銀行可能忘記了這一點，所以犯了比較大的錯誤。

從商業本質來看，金融的第一個商業本質在於金融機構是賣產品和服務的，跟普通商品沒有本質上的區別。只要有買賣，就會有產品、管道和品牌。我們知道互聯網對金融機構的衝擊，首先從管道開始。

不過，金融產品和一般產品不太一樣，屬於有風險、不定性的資訊產品。其中風險可歸類為三項：第一是商業風險，只要是投資就有可能會虧錢；第二用經濟學的話來說，會產生「逆向選擇」的風險，也就是不應該借錢給最想借錢的那個人，因為實際上他只想騙你的錢；第三是道德風險，錢一旦借出就不受控制了，貸款人完全可以隨意使用。由於以上風險，借貸雙方會形成博弈的關係，產品也產生了不定性。這就需要有金融中介做風險鑒定，在此基礎上定價並進行風險控制，這是金融機構最核心的職能，不容易被互聯網輕易代替。

最後，金融機構作為賣產品的中介，自身也有道德風險。對金融創新而言，很重要的一點是它導致的風險爆發往往是滯後的，可能要過好幾年，甚至是十年以後才爆發。但是金融機構賣掉了產品就賺到錢了，因此金融機構本身需要被監管，監管的程度則取決於產品的風險程度。

別讓創新監管成了雞同鴨講

既然談到了對金融創新的監管，那就不能不先定義好什麼是「創新」。曾有很多人，包括一些大銀行行長說餘額寶根本不是創新，我覺得這真是雞同鴨講。

什麼是創新？用約瑟夫・熊彼特（Joseph Schumpeter）[9]的話來說，創新有四種：第一種叫產品創新；第二種叫流程創新，比如說在一九〇八年的時候，福特公司生產了很有名的T型汽車，但是最有名的創新不是汽車本身，而是對流水線的創新，它開啟了現代工業生產的先河；第三種是行銷或管道創新，互聯網就經常帶來這種創新；第四種是組織架構創新。這四種創新都很重要，不是說產品創新才是唯一的創新。所以先討論什麼是創新，才能討論這個創新好不好，怎麼去監管它。

另外我們要記住，創新用熊彼特的話說是創造性的毀滅，是市場經濟的核心之一。通過創造去毀滅現有的東西，通過創造去競爭。但創造也會衝擊現有的體系，會動了現有體系的蛋糕。所以在談監管的時候，不能忘記對創新的鼓勵政策與對競爭的激勵政策密不可分，不能只講創新，還得想監管的目的是什麼，什麼是好的創新，否則只是雞同鴨講。

---

[9] 約瑟夫・熊彼特（J. A. Joseph Alois Schumpeter）美籍奧地利裔經濟學家，當代資本主義經濟學代表人物之一。成名作《經濟發展理論》，代表作《資本主義、社會主義和民主主義》。

所以我們在講現在所有金融創新時，第一個要問的是，互聯網金融是怎樣的創新，是產品創新、流程創新、管道創新還是組織架構創新？第二個要問的是，這個創新是好還是壞？好壞的標準在於能不能促進經濟增長以及提高社會福利。這兩個標準是任何創新的基本準則，也是監管的兩個標竿。監管不是為風險而監管，更不是為監管而監管。只有在問了創新好不好，並確定能獲得的好處之後，再討論業界願意承受多少風險，最後討論監管，否則達不到應用的目的。這就是監管的理性框架，一定要把這個框架搭起來。

以史為鑒才能知興衰

有人說，互聯網金融太新了，歷史對我們沒有什麼借鑒意義，我完全反對。金融和商業的本質不能改變，越想知道未來，就越需要瞭解過去。為什麼我們現在的報導不夠有深度？因為對歷史知道的還不夠多。要知道互聯網對傳統金融帶來多少衝擊，你得看以前的技術革命是如何衝擊其他行業的，得看歷史上的創新是怎麼開始的。

荷蘭、英國與晉商的故事

荷蘭是十七世紀最強大的國家，被稱為「海上的馬車伕」。荷蘭是怎麼興起的呢？要從十六世紀說起，當時哥倫布航海一下子改變了整個歐洲格局，歐洲中心從地中海沿岸移到了大西洋海岸。原來幾個根本不重要的國家，包括西班牙、葡萄牙、荷蘭、英國，突然有了先機。荷蘭的興起點是它高效便宜的造船業，船造好了，物流也就做好了，有了物流就有貿易，很多貨物經由阿姆斯特丹港運走。有了貿易尤其是國際貿易之後，就需要支付和結算，支付和結算是金融的第一個功能。一六〇九年，阿姆斯特丹銀行成立，這是歷史上第一個現代意義上的銀行，儘管最早的銀行在義大利產生，但是它只承擔簡單的借貸功能，不是現代意義上的銀行。現代意義強調的支付、清算、結算等功能是從阿姆斯特丹銀行開始，而且這個銀行只做一件事情，就是接受存款。它把各個國家的金屬貨幣收進來，然後發行它的銀行票據，這個票據就像貨幣一樣可以到處流通，承擔了支付、結算的功能。為了銀行能繼續做下去，政府還提供了保證金做擔保。因為有了貿易和支付，大量的錢流入阿姆斯特丹銀行，於是它在一六八三年之後開始提供信貸服務。因此，首先有了物流和貿易，其次再有支付、信貸。這個結合讓荷蘭在十七世紀成為全世界最大的貿易中心和金融中心，佔全球貿易的百分之五十以上，是當時全世界最強盛的國家。荷蘭是怎麼衰弱的？因為貿易平台由荷蘭更替到了英國。

與荷蘭藉助物流興起不同，英國興起的關鍵在於工業革命。有了發明就有了貿易的基礎，有了貿易以後英國也學荷蘭做金融，於是英格蘭銀行取代了阿姆斯特丹銀行成為全世界結算的中心。大約十七世紀，英國與荷蘭有過三次戰爭，打擊了荷蘭船運，英國通過貿易禁令把荷蘭排擠出貿易圈。荷蘭在鼎盛時期曾經有上萬艘船，後來只有幾十艘，也就是說，荷蘭首先失去貿易，再慢慢失去物流和金融後，荷蘭就衰弱了，同時英國取而代之。

中國呢？來看看晉商。山西是資源大省，曾經是中國金融做得最好的省。以前的晉商以販鹽起家，販鹽以後就開始有貿易，有了貿易就要解決支付的問題，所以山西人發明了山西票號。山西票號改變了中國幾千年來商業現銀結算的方式。所以支付是銀行的第一個功能，支付之後慢慢再去做信貸，這跟荷蘭的故事非常像。所以商業和金融的邏輯本身是不變的，變的只是方式。到一九二〇年以後山西票號就紛紛倒閉了，當然一部份是因為當時的戰亂，但更核心的原因是政府設立了銀行，把最重要的清算和支付功能拿了過去。

從淘寶到支付寶

這些歷史我們可能在高中、大學的時候早就讀過了，我在二〇一四年初回過頭再讀，滋味完全不同。

第一個我想到了上海自貿區。我認為上海自貿區的核心思想是想打造現代荷蘭。二〇一三年夏天，上海自貿區剛推出時定位成國際航運中心。幾個月後，很快升級成為國家戰略，既然定位成國際航運中心，則必須要成立一個金融中心才能支持它。這不就是十六世紀初的荷蘭嗎？

其次是互聯網金融。我們知道阿里巴巴一開始做淘寶和淘寶商城，屬於網上貿易。當有了貿易以後需要做什麼呢？就像荷蘭，需要支付。所以這是阿里巴巴當時在完全沒有任何勝算的情況下超越易趣的決定性原因，當時易趣已經佔了百分之九十五的C2C市場，但是用支付寶的幾個老總的話來說，支付寶成就了今天淘寶的繁榮。支付和貿易的結合造就了阿里巴巴今天的地位，這和荷蘭的興起非常像，這是歷史給我們的啟示。

看歷史就知道，其實銀行最重要的功能不是借貸，而是支付。如果讓渡了支付功能，實際上等於把命根子讓給了別人，別人做了支付以後慢慢也會做信貸，基本上就有了銀行最重要的兩個功能。阿里巴巴的發展歷程就是這樣，先做貿易，因為有了商業需求，自然產生了對金融的需求，金融的第一需求是支付結算的需求，其次才是信貸的需求，這就是為什麼互聯網公司要做金融的商業邏輯。現在，隨著阿里巴巴的發展，在支付的基礎上還有了信貸。如果我們把錢存在餘額寶裡，不僅能得到相對較高的利息收入，還能夠很快地把錢拿出來做支付，這就是我們希望銀行提供的服務。所以它對銀行造成了最直接的打擊，銀行對餘額寶的出招也真正有了痛感。

企鵝的「天空城市」

那麼阿里巴巴什麼時候會被替代呢？當另外一個貿易平台能夠替代它的時候，它就會被淘汰，所以商業邏輯是它的第一位。

現在阿里巴巴比較擔心的一個競爭對手是騰訊。阿里巴巴做的是網上貿易，是大賣場，人與人之間的關係不強。而騰訊的微信，搭建了一座「天空城市」，免費讓大家都搬進去，人與人之間關係密切，而一旦大家都搬進去，就很難出來了。阿里巴巴推出了相應的來往，但是很多用戶並不過去，除非親朋好友全部搬過去，成百上千人一起搬。所以，微信把「城市」建起來，大家住進去以後，它就可以加各種東西。這也是為什麼現在騰訊和誰合作誰就火，因為它是這座「天空城市」的開發商。人們搬了進去，開發商可以在城市裡建銀行，再建大賣場，什麼都可以建。騰訊有微信支付，如果能再結合貿易，到時定會對阿里巴巴構成嚴重的威脅。

我有一個比較深刻的體會：能移動支付者得天下。現在騰訊的很多收購行為，都是為了增加它的貿易功能；其他互聯網企業，包括大眾點評及京東也是這樣的。歷史可以告訴我們，荷蘭做船運能夠做成全世界最大的金融王國，山西販鹽的商戶做成了中國當時的「金融之王」。誰說互聯網公司不可以做金融呢？

做金融主要有兩個條件，一是有商業基礎。阿里巴巴現在的估值是一千多億美元，大概就是一萬多億元人民幣，跟工商銀行差不多。為什麼阿里巴巴的估值那麼高？這是因為阿里巴巴是商業和金融的結合，有巨大的想像力。二是如果對金融有需求，那現有的金融體系能不能滿足這個需求？只要不能滿足，就等於給了互聯網公司一張進入金融行業的門票。互聯網當然可以做金融，而且這是中國的故事。為什麼互聯網金融這個詞在國外不存在？因為國外的金融體系相對比較發達，所以互聯網公司不容易進入金融行業，中國的金融實際上非常落後，是競爭力相對較弱的行業。技術革命加上金融自由化，給了很多非金融機構進入金融行業的一個巨大機會。

互聯網金融的未來和監管

儘管很多人認為這一次的互聯網創新非常不得了，但每次技術革命都是不得了的。回看歷史對理解互聯網金融會很有幫助，歷史能夠讓我們看清未來，明白商業和金融的本質其實並沒有改變。

那該怎麼理解不同的互聯網金融的未來呢？只有一個標準：越是標準化的、不定性比較小的產品，越容易脫離原有的金融機構；越是不定性大的產品和行業，發展越慢，而且越需要被監管。

就像上文所言，無論是談監管還是談互聯網金融的未來，都必須還原金融創新的本質，這樣你才能夠知道它可以走多遠，要做怎樣的監管。

絆手絆腳的P2P征程

P2P[10]是指通過網路平台的撮合方式，把借貸雙方聯合起來。所以**P2P**的第一個創新就是管道的創新，即通過網路管道降低融資成本，並給予投資者新的投資機會。同時它也是一個產品的創新，因為它繞過了傳統的金融中介，把借貸雙方連接起來；這種金融產品是傳統的金融體系所沒有的，與傳統金融不是競爭的關係，而是補充。

現今**P2P**貸款也面臨著一個很大的挑戰，它沒有解決金融的第二個本質所帶來的問題，即金融產品具有不定性。**P2P**貸款是「高風險、高收益」的借貸，需要專業的金融中介來評估風險並降低資訊不對稱程度。這個本質使得脫離金融中介的**P2P**貸款難以做大，也難以對傳統金融提出挑戰。

所以，**P2P**注定不會發展得非常快，而且需要比較早進入監管，因為這個產品有風險，不是每個人都能夠去做，同時賣這個產品的金融中介本身有道德風險。

[10] P2P是peer to peer lending的縮寫，peer是個人的意思，所以它是一種個人對個人的C2C信貸模式。現的C2C信貸模式，大陸譯為「人人貸」。現在談P2P多指P2P網路借貸，也就是借貸過程全部通過網路實現，是互聯網金融服務的一個發展方向。

弄清了P2P的本質後，從發展前景來看，P2P肯定可以做。現在好多P2P只是消費的信貸，是無抵押的小額貸款，跟信用卡沒有本質差別。當年銀行做信用卡，是在徵信系統不發達的情況下，慢慢把信用卡做起來。當年信用卡業務都能普及，現在的P2P，通過網路消費信貸，有了大數據的基礎，肯定更可以做得風生水起。但因為它風險高，不是誰都能做的。對此有兩個方向可以看好：一種是專業度高，准入門檻比較高，如陸金所[11]。陸金所本身沒有貿易，沒有數據平台，但是它有一個比較專業的團隊。第二種是在機構擁有大數據的平台後，比如阿里巴巴、騰訊，通過擔保發展P2P。這兩種方向的P2P都比較有前途，一般企業去做P2P，風險比較大。

P2P的本質決定了監管應該及早介入，而監管及早介入對這個行業是有幫助的。央行在二〇一三年底明確了P2P網路借貸平台的平台中介性質，指出其不得提供擔保。實際上陸金所很多產品都有擔保，有擔保反而是好事，就像支付寶的擔保至關重要一樣。如果金融中介在評估風險的基礎上提供擔保，是對金融產品負責任的表現。缺乏擔保的P2P信貸反而難以發展，但這仍然沒有解決P2P貸款資訊不對稱的情況。在我看來，P2P需要的監管更多應該落在對行業准入、投資者准入、資訊披露等方面。

被誤解的餘額寶

關於餘額寶，有幾個說法很流行。第一個是認為餘額寶只是把金融產品和互聯網架在一起，所以它算不上創新；第二個說法，認為餘額寶推高了民間利率和企業的融資成本，對中國經濟不利；第三個說法，指餘額寶是監管套利的產物，等利率自由化之後，它就沒有生存空間了；第四個說法，稱美國版的餘額寶——Paypal的貨幣基金，在二〇〇一年就關閉了，說明餘額寶的日子長不了。我認為這四個說法都是錯的，是對事實的誤讀。

第一，餘額寶是不是創新

如同前文所言，創新可以體現在產品、流程、管道和組織架構四大方面，餘額寶是貨幣基金[12]和支付寶的結合，貨幣基金本來和互聯網沒有關係，但是支付寶給了它網路的管道，使得餘額寶以幾乎零成本接觸到了支付寶和淘寶系的幾億用戶。這是一個創新，是最簡單的創新。千萬不要小看它，最簡單的創新可能最有衝擊力。比如天弘基金本來是虧錢的、排名倒數的基金，現在成為全中國最大的基金，而且是第二名基金的翻倍，在全世界也是前十名，它只花了半年時間就做到了這一點。

第二，是餘額寶推高了市場利率嗎

如果真是這樣，那麼我們可以推論餘額寶攬錢越多，市場利率會被推得越高。但事實卻並非如此，從**圖1**可以看到，一週Shibor（上海銀行間同業拆放利率）在二〇一三年六月份「錢荒」時，曾經跳到過百分之十以上；二〇一三年六月份正好餘額寶誕生了，剛開始時只有六十六億元人民幣的

[11] 即「上海陸家嘴國際金融資產交易市場公司」，簡稱「陸金所」，是中國平安保險（集團）股份有限公司旗下的子公司，為中國最大的網絡投融資平台之一，二〇一一年九月在上海註冊成立。董事長計葵生曾擔任麥肯錫台灣區總經理、台新金控營運長，總經理謝泓源曾是華一銀行執行長。

[12] 貨幣基金是聚集社會閒散資金，由基金管理人運作，基金託管人保管資金的一種開放式基金。主要投資範圍為短期的貨幣工具如國債、銀行定期存單等短期有價證券的基金。具有高安全性、高流動性、穩定收益性的特徵。

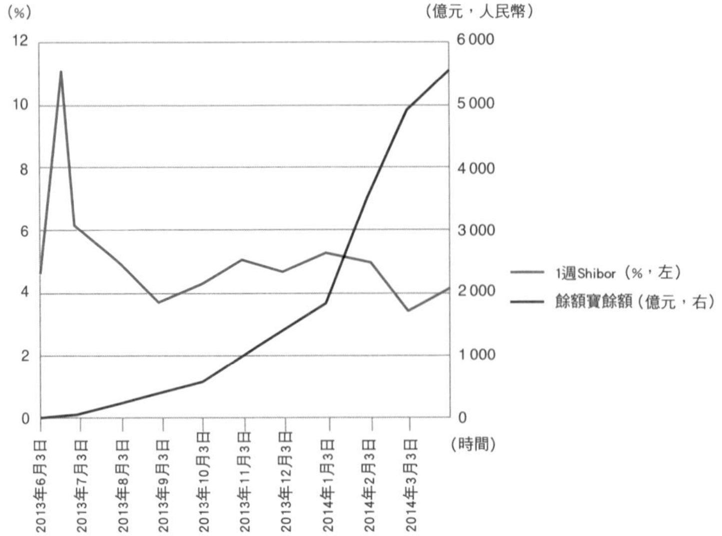

圖一：餘額寶餘額與一週Shibor對比

註：Shibor是二〇〇七年推出的貨幣市場基準利率

規模，後面黑線一路飆升。中國的利率從二〇一三年六月份以來越來越低，但餘額寶卻在飆升。怎麼可以說餘額寶把利率推高了呢？

實際上這個道理很容易理解，貨幣基金的總量還不到整個銀行存款的百分之一，所以不成為利率的決定因素。更合理的解釋是餘額寶的利率取決於市場利率，市場利率高，餘額寶利率就高，市場利率低，餘額寶利率就低。認為餘額寶推高了市場利率是顛倒了因果關係。

第三，餘額寶是監管套利的產物，利率自由化後就沒有生存空間了嗎

不能這樣去想。為什麼？餘額寶不能簡單用「監管套利」這四個字去形容。餘額寶的本質是貨幣基金和支付寶的結合，貨幣基金不是銀行，不能用銀行的方式去監管它。要知道貨幣基金的本質是什麼，首先要瞭解貨幣基金是怎麼誕生的。

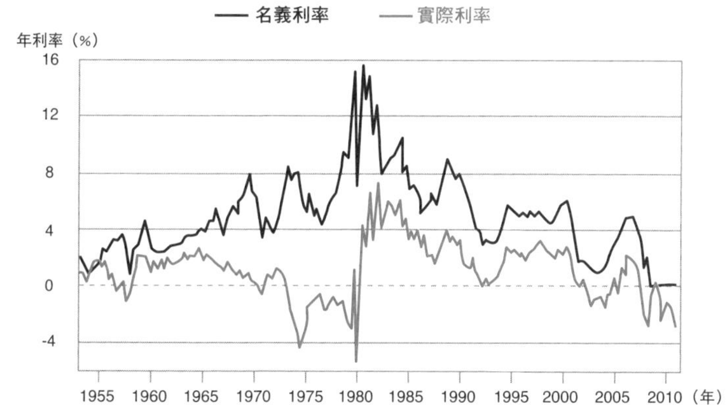

圖二：美國利率波動（一九五三年至二〇一一年）

圖二顯示美國利率波動，黑線是美國的名義利率，灰線是實際利率。在二十世紀七〇年代時，《美國銀行法》規定了銀行存款利率上限，在利率管制下，市場利率比銀行的存款利率上限要高，表現出來就是利率雙軌制，就像今天的中國，貨幣基金就產生在利率雙軌制的背景之下，跟互聯網沒有關係。因為貨幣基金受證監會的監管，所以貨幣基金可以不受存款利率上限規定的束縛，把錢通過比較高的利率攬進來然後再貸出去。

無論在中國還是美國，《證券法》規定貨幣基金只能投放於最安全的機構（擁有最高評級）的短期融資。由於貨幣基金的投資標的已經被嚴格限制為最好的商業機構發出的短期借款，所以不定性是最低的。這就意味著，一方面，貨幣基金所需要的存貸差是最低的，現在貨幣基金可能只需要五個百分點就能活下來；另外一方面，這一本質決定了貨幣基金不是銀行，由於它的投資標的已經受到了嚴格監管，所以貨幣基金是不需要準備金的，因監管的方式不一樣。

再來看貨幣基金是怎麼發展的：美國在二十世紀七〇年

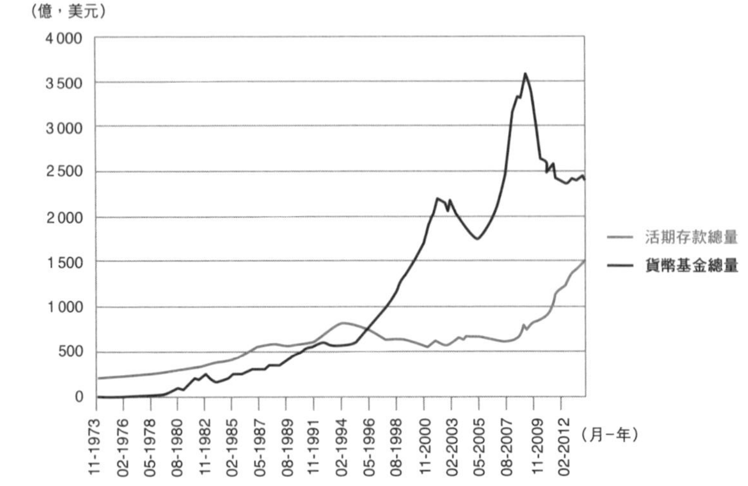

圖三：美國貨幣基金與活期存款總量對比（一九七三年至二〇一二年）

代初有了貨幣基金，到一九七七年，貨幣基金正好是銀行存款總量的百分之一，跟中國現在很像。現在中國有一百兆元（人民幣，下同）的銀行存款，大概一兆元的貨幣基金，也恰好是一百比一的關係。從圖三的黑線可見自一九七三年以來，美國貨幣基金越做越活躍。到二〇〇一年，貨幣基金攬存的資金總量是銀行活期存款總量的四倍，大量的存款搬家非常普遍。所以，中國的貨幣基金長跑才剛剛開始。

從美國的例子，我們可以看到在金融自由化、利率市場化以後，貨幣基金並不會走向消亡，中國的貨幣基金未來也是如此。由於互聯網攬存的成本很低，在今後十至十五年間，大部份銀行的攬存可能會被互聯網公司包掉。技術革命和金融自由化捆綁在一起對銀行的衝擊更大，中國的存款真會搬家了。未來銀行還是做投資的活，攬存這一塊可能就會包給互聯網，至少是一部份的替代。

第四，美國Paypal是中國的明天嗎

有人問，美國的Paypal是不是中國的明天，因為美國版餘額寶Paypal在二〇〇一年就倒閉了。這也是不懂歷史的說法。二〇〇一年，Paypal確實關閉了，從圖四就能知道：紅線是貨幣基金從一九七一年至二〇一四年初的總量，雖然貨幣基金總量一路高歌猛進，但在某些時點和階段卻又大幅度下降。為什麼貨幣基金總量會下降？黑線代表美國的基準利率，貨幣基金資本總量大幅下降發生在利率很低的兩個階段，到二〇一四年美國的利率是千分之〇。二〇〇一年以後有段時間美國的利率只有百分之一。當利率太低時，貨幣基金就沒有生存的空間，因為那些最好的機構，比如說蘋果公司在二〇一三年就曾以千分之五的利息發債，利息成本那麼低時，發債就不需要貨幣基金了。但只要利率回升，貨幣基金總量就會大幅度地往上走。

還有人說，貨幣基金缺乏監管，美國一直為此很擔憂，這種擔憂終於在二〇〇八年金融危機中得到證實。至此，對貨幣基金加強監管的認識在美國成為公論。很多人，包括央行的一些官員，都把美國的這段歷史作為餘額寶需要監管的論據。

事實上，誠如上文所說，由於貨幣基金是給最優質機構的短期流動性貸款，在美國四十多年來一直不需要準備金或資本金，到二〇〇八年以前也幾乎從未發生過跌破本金的事件。二〇〇八年九月由於雷曼兄弟倒閉，最老的貨幣基金「儲備基金」跌破本金（損失率百分之三），當時大恐慌的氣氛引發了對貨幣基金的擠兌潮。美國政府宣佈對貨幣基金本金擔保，擠兌迅速停止。危機過後，美國對金融創新進行了深刻的反思，廣泛討論過是否需要對貨幣基金要求資本金。最後的結論是不要求準備金。

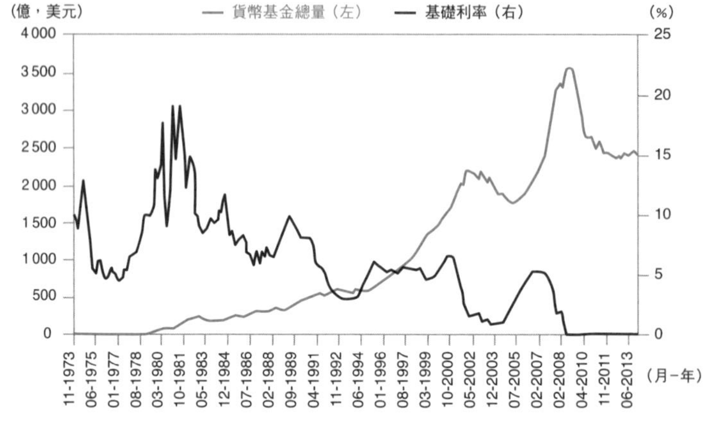

圖四：美國貨幣基金總量和利率水準的關係（一九七三年至二〇一四年）

所以該怎麼對美國貨幣基金過去四十多年來的表現進行正確解讀呢？美國認為貨幣基金是一個很好很安全的金融創新，不值得要求準備金或者資本金，即便有了金融危機以後也不需要，因為它的風險極低，總體來說很好。

餘額寶的監管

餘額寶是風險非常低的金融產品，所以很少有人會去討論它的損失風險，更多討論的是流動性的風險，如果大家都去擠兌那怎麼辦？在這裡，請用常識想一想歷史上被擠兌的銀行面臨的狀況，通常是儲戶覺得銀行本身很虧錢了，才會去擠兌。因為貨幣基金只能投最好的機構發的三個A的最短期的債，所以由損失風險而引發的流動性衝擊是很小的。這也是為什麼美國的貨幣基金從二十世紀七〇年代到二〇〇八年從來沒有發生過一次擠兌的最重要原因。所謂的T＋0的流動性風險和短融長投，好像有一個期限錯配，但大部份的金融機構都有這個問題，這是相對的，一般不會引發擠兌風險。為了確保貨幣基金本身不會有太大風險，專業性的投資技能是必需的，但準備金要求是不現實的。為什麼不現實？如果餘額寶要交準備金，那麼同業存款放在銀行裡面的錢都要交準備金，包括了保險、債券等加起來價值上兆元的資產，從而導致銀行攬存的成本大幅度提高，這才真正會推高中國企業的融資成本。

怎麼監管餘額寶？在我看來，應該協同監管。看一下美國的貨幣基金發展史，銀行存款搬家到了貨幣基金裡，然後把錢貸給最好的機構發的短期票據，屬於直接融資。而中國這筆錢，沒有全部跑到短期票據市場，一大部份反而又跑回銀行。因此長期來講，中國要推動票據市場的發展來改善中國的融資。具體到餘額寶，結合中國國情，我認為首先應該由證監會監管，但證監會要逐漸降低貨幣基金在銀行同業存款的上限，現在百分之九十九的錢都放在銀行裡面，未來看是否可以降低到百分之七十、百分之六十甚至百分之五十。同時證監會要大力推動直接融資的市場，讓最好的公司發行短期票據，然後貨幣基金就可以直接購買。這就像當年的美國，銀行存款搬家以後能更多地開展直接融資，這樣大部份資金就脫離銀行了，銀行會被迫關注中小企業的利益。最後將幫助整個金融體系的融資成本下降，這是美國曾發生的事情，中國也應該要這麼推行。

綜上，整體上餘額寶應該是央行、證監會、銀監會協同監管，具體運營上，餘額寶由證監會監管，未來要把錢慢慢從銀行部份抽離至直接融資票據市場，但也不需要全部出來，因為銀行需要這筆錢，這才是我認為最穩妥的監管方式。

總括而言，現在技術革命和金融自由化相結合，給了非金融企業做金融的很大機遇。怎麼看互聯網金融？無論是發展還是相關的監管，都應該回歸金融創新的本質、理性監管的框架。首先要看到金融創新的本質是什麼，利弊是什麼，有多少風險。既然所有的金融創新都有風險，那若為風險而監管，很容易被利益集團綁架。把這幾個因素想清楚了，就能建立起一個理性監管的框架，從而在風險和收益之間找到平衡點。

CHAPTER 3

利率市場化勢如破竹

曹遠征

中國銀行首席經濟學家、上海金融與法律研究院學術委員

引言

隨著銀行理財、信託等融資管道的發展，近幾年社會融資利率水準出現全面抬升，以餘額寶為代表的「寶寶」們更對傳統銀行發起挑戰，利率市場化正處於加速狀態，金融脫媒現象明顯。利率市場化面對的挑戰，不僅僅是利率水準上升，還有風險的釋放。現今金融業普遍存在「剛性兌付」，系統性風險已然顯現，這更加劇了金融改革的難度。本章回顧利率市場化進程，闡述在此背景下中國實體經濟的發展走向。利率市場化究竟應該走一條什麼樣的路徑？

為什麼要實行利率市場化

利率市場化⓭是中國經濟體制改革的重要組成部份，十八屆三中全會提出了全面的改革要求，是中國改革新的里程碑。通過國際比較，我們就可以看到中國現階段進行全面改革的必要性：現在中國經濟增長下行，我們認為它已經告別兩位數的經濟增長。同為出口大型經濟，現階段的中國似乎類似於一九七三年以後的日本和一九九八年以後的韓國，但做深入的分析後會發現，中國和日韓又不一樣。以下是我們對為什麼要實行利率市場化的兩個分析。

建城鎮化體制，寄經濟增長再攀高峰

首先中國城鎮化率遠遠低於日韓，當時這兩個國家的城鎮化率都在百分之七十左右，而中國二〇一三年是百分之五十三。理論上來說，一個經濟體如果城鎮化率比較低，那麼經濟增長仍有潛力，但實際上中國經濟增長率卻有下降的趨勢，這說明中國目前還沒有一個能夠支持城鎮化的體制和機制，這也奠定了改革的必要性。

城鎮化的核心是人而不是地，它不僅僅是經濟問題。十八屆三中全會提出的改革被稱為「5+1+1」的全面改革，是指改革措施包括經濟、社會、政治、文化及生態五方面，另外還涉及軍

⓭中國的利率市場化可分為貨幣市場、債券市場、商業銀行存貸款利率三大類。簡言之，在市場化的過程中商業銀行由無自主定價權，存、貸款業務必須嚴格按照中央銀行公佈的基準利率執行，到以央行基準利率為基礎自主調節利率水準。

事和黨的建設。

市場經濟改革的四大原則

其次，在改革目標上，現在和過去也有區別。十一屆三中全會是以經濟建設為中心，而十八屆三中全會則是提出要建立國家治理體系和治理能力的現代化，一共有六十條含三百零六項改革措施。在這個過程中，經濟體制依然是最重要的，而奠定市場經濟的四個重要原則，則是未來幾年中需要實現的目標。

第一，政治與市場誰說了算？文件指出市場要起決定的作用，這是非常重大的突破，但是在邊際上是政治來做。未來連邊際上也是市場起作用。

第二，市場應該是體系的而不是碎片化的、分割的。不僅僅反應在區域上，更重要的是要素市場上的統一。本章要討論的利率市場化，是金融體制改革的一個組織部份，它是有機整體的一部份，不是割裂的現象。

第三，我們要建立的應該是面向全世界的開放市場，而不是封閉市場。上海自貿區的安排就是向全球新的開放標準靠攏。怎麼體現這一目標？可以用**WTO**（世界貿易組織）和**TPP**（跨太平洋夥伴關係）做比較：**WTO**是自由貿易體制，主要是降低關稅和非關稅的壁壘，但是**TPP**最重要的是邊境之間的事輻射到境內事務，包括市場完全對等開放等。中美談判時，美國人質疑中國公司不分紅，認為不分紅是對其他企業的歧視。所以十八屆三中全會提出了國有企業的平均分紅在二〇二〇年要達到百分之三十，這就是競爭中立原則。從利益上來講，上海自貿區的設計是新的更高的開放標準。

第四，既然是市場經濟，那麼司法體制會改革，司法應該獨立。十八屆三中全會提出檢察權、審判權應該獨立於政府，至少不會受到地方政府的干預。司法體制的改革也在提速，比如法官的遴選制度、公務員的安排制度等。

全面推進利率市場化

站在這個大背景下討論利率市場化就變得非常有意義。所謂市場經濟，它的基本表現就是競爭性市場價格。在微觀方面，是自負盈虧的企業自主定價，反映在金融企業中是企業自主決定其金融產品的利率；在宏觀方面，是競爭性的市場形成，反映在金融市場上是各類風格不同的金融企業競爭性地提供金融產品。

從這個概念出發，競爭性價格的形成是各類金融企業根據自身的實際情況，競爭性地提供價格不同的金融產品，並由於產品的競爭形成市場基準。這個過程既是利率市場化，同時又是市場發育完善的過程。

回望利率市場化進程

那麼中國利率市場化的進程到哪了呢？首先要看第十四屆三中全會及第十八屆三中全會，兩者相隔二十年，中國利率市場化進程在二十年前就開始了。

十四屆三中全會提出要「建立以市場資金供求為基礎，以中央銀行基準利率為調控核心，由市場資金供求決定各種利率水準的市場利率管理體系」。也就是說，利率市場化有兩個目標：第一，能否形成競爭性的利率市場體系；第二，利率能否被管理。

十八屆三中全會把這個目標描述得更細了，特別重要的一點是提出了要「完善人民幣匯率市場化機制，加快推進利率市場化」。利率市場化需要健全的反映市場供求的國債收益率曲線作為市場基準，那麼，如何形成這個曲線？怎麼來完成匯率市場化和利率市場化機制？

由於利率和匯率是平價的關係，於是需要「推動資本市場雙向開放，有序提高跨境資本和金融交易可兌換程度，建立健全宏觀審慎管理框架下的外債和資本流動管理體系，加快實現人民幣資本項目可兌換」。一旦人民幣資本項目可兌換，匯率可以自由化，利率就可以市場化。

回顧這個過程，可以看到中國利率市場化的基本思路是：先把外幣放開，再放本幣；先把貸款放開，再放存款；先把長期大額的放開，再放短期小額的。推進的原則是「放得開、形得成、調得了」：放開的目的是促進競爭性市場價格的形成，形成的這個價格還是得被管理。

從這個角度，利率市場化過程中，「放得開」基本完成，但是「形得成」正在展現的過程當中。而更為核心的是最後一條「調得了」：能不能形成新的市場基準，央行的貨幣管理政策能不能由數量政策變成價格政策。

全面放開利率管制

假如將二〇一一年的十八大作為一個標誌，那麼會發現利率市場化進展比我們想像中要更快。從「放得開」的角度來講，會發現包括貨幣市場、信貸市場、債券市場在內的整個金融市場，只有信貸市場上的利率有某種管制，貨幣市場和債券市場的利率是不受管制的。即使是信貸市場的利率管制，也只是官方控制的銀行利率有某種管制，其他像委託貸款、委託存款等利率是不受監管的。也就是說，在過去二十年間，其他市場的利率已經市場化了。

二〇一二年，央行就開始了放開存貸款的管制——當時規定貸款利率可以在基準利率的基礎上下調百分之三十，存款利率則可以上浮百分之十。經過一年的發展，到二〇一三年，我們發現銀行在放貸款中一般只將貸款利率下調百分之十左右，再低的話銀行成本受不了，再高企業也不答應。於是，市場基準利率是名義基準利率的百分之十左右，這就意味著競爭性的貸款利率已經形成。正因為這樣，我們建議央行可以放開利率。

二〇一三年七月二十日，央行宣佈放開貸款利率管制。到目前為止唯一被管制的利率就是存款利率，但是存款利率是管制幅度，允許百分之十的上浮。對銀行來說，這百分之十就是定價空間，於是會發現銀行創建了各種理財新產品。除此之外，所有的利率從「放得開」角度來講都放開了，無論是貸款利率，還是債券市場一級市場的發行利率和二級市場的交易利率，乃至票據市場、貨幣市場的利率全部都上調了。

未來可以倒閉的銀行

二〇一五年五月一日起，中國開始正式實行存款保險制度，要求同一存款人在同一家銀行所有賬戶本息的最高償付限額為人民幣五十萬元。很多人把小額存款保險制度理解成對存款的保險問題，但其實根本上還是改革的問題。十八屆三中全會時就提出了要建立存款保險制度，完善金融機構市場化退出機制。實行存款保險制度後，金融機構可以倒閉、破產。這意味著金融業的競爭環境將發生重大變化：金融機構可以完全變成純商業機構，向市場提供具有競爭性的金融產品，如果表現不好，只有倒閉。相信隨著存款保險制度的建立與完善，存款利率的放開將不會太遠。

按照以往利率市場化的成功經驗，存款利率放開也會沿著先長期、大額，後短期、小額的路線進行。所不同的是長期大額存款將用新產品取代，例如CD（可轉讓大額存單，Certificates of Deposit），並率先在上海自貿區實行。一旦長期大額存款被新金融商品所取代，餘下的短期小額則在建立小額存款保險制度的基礎上實現利率的市場化定價。

近在眼前的人民幣國際化

放開利率從來不是目的，只是利率市場化的第一步。因為：

第一，市場利率是競爭性金融市場的結果，放開利率管制僅為競爭性金融市場的形成創造了條件，而競爭性金融市場的發展則取決於金融機構本身的創新能力。這點很重要，與下文討論金融脫媒直接相關：金融脫媒是金融機構創新的結果，未來間接融資將開始向直接融資轉變。

第二，由於匯率和利率是平價關係，因此利率市場化不僅取決於人民幣市場利率的形成，而且也取決於人民幣匯率的市場化，從而導致人民幣資本項目可兌換是必需的。

要注意，上海自貿區已經能夠開展自由貿易賬戶（FT賬戶）業務，這種安排是為人民幣可兌換所做的過渡性安排。按照上海自貿區的規劃，自貿區經驗三年可複製、可推廣，這可以理解為：如果順利的話，三年內人民幣基本可兌換可以實現了，隨著匯率的自由化，利率也就自然地市場化了。

但是，這同時也提出一個挑戰：因為利率與其他要素價格不同，利率本身也是宏觀調控的中間目標，因此市場利率必須是可被管理和調控的。從這個意義上來說，有一件更為長期的建設任務——要形成健全反映市場供求關係的國債收益率曲線。人們對上海自貿區寄予特別高的期望，就是希望上海自貿區的實驗引進開放後，能夠有金融機構競爭性地提供各種各樣的金融產品，形式從短期的一天到三十年，同時央行貨幣政策與Shibor（二〇〇七年推出的貨幣市場基準利率）加強聯動性，在市場競爭中形成基準。

金融產品多樣化滋養利率市場化

圖一是一個簡單的利率體系形成示意圖，從短端向遠端傳導。短端是貨幣市場，遠端是資本市場，中間是信貸市場，反映在貨幣政策上你會發現M0、M1、M2、M3（貨幣供應量）形成的過程。

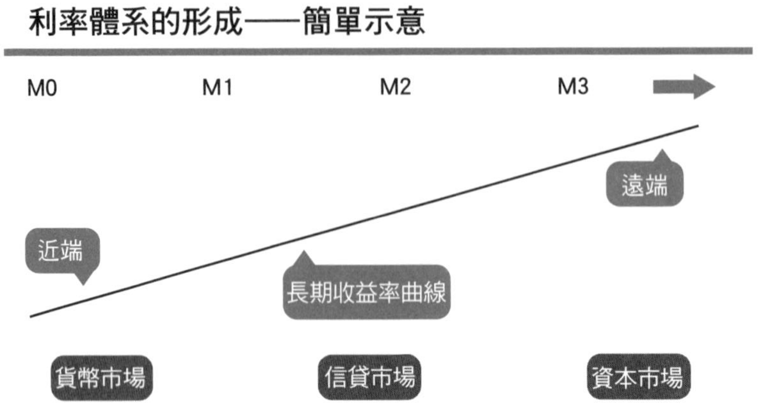

圖一：利率體系形成的簡單示意圖

注釋：M0=現金，M1=M0＋活期存款，M2=M1＋定期存款、非支票性儲蓄存款，M3=M2+私有機構和公司的大額定期存款。

如果從這個角度觀察問題，會發現它實際是通過不同市場金融產品的創新，打通各個市場形成完整平滑的收益率曲線，因此利率市場化就是金融產品豐富化的過程，是金融深化的過程，也是金融市場發育的過程。

不懂風險管理就沒有競爭力

利率市場化的核心是競爭性市場以及金融機構的自主定價權。利率市場化有三層含意：第一層含意是大家都能感覺到的利率水準的變動；第二層也是最核心的含意是對於風險的定價；由這兩層也引發出第三層含意，即金融機構會通過對金融產品的創新與設計來做風險定價。

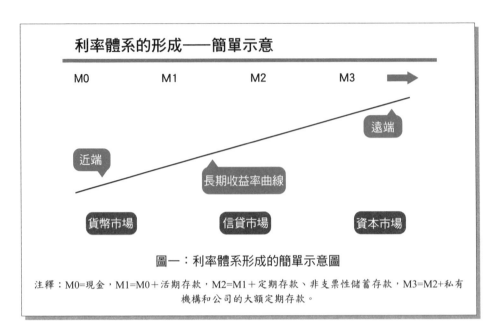

我們知道，每一個金融產品就是一個風險的合約，即對風險定價。風險管理能力是金融機構的核心競爭力。從這個意義上講，金融產品就是風險管理能力的表現，金融產品創新就是風險管理能力的提升。而利率市場化最重要的就是信用風險、市場風險的定價。基準

利率加上風險溢價再加上獲得資金的成本構成完整的利率。從利率上來講，這個時候的利率市場化更重要的含意是風險的識別和對風險的準確把握，而不再是利率水準的變動。

這也是金融本質的問題，大家一般認為金融機構是融資機構，其實如果在利率市場化的背景下，金融機構儘管是融資機構，但是其核心功能是風險配置而不是融資。金融機構是連接投資者與被投資者的橋樑，投資是面向未來的活動，而未來是不確定的，不確定性即為風險。金融機構的中介功能就是對投資者和被投資者未來的不確定性確定一個相對穩定的前景，這一功能就是風險配置，它是金融機構存在的基礎，是其本質屬性。

金融產品的設計就是風險定價

一旦從風險的角度去看待金融機構，會發現在利率市場化的初級階段，各國利率都是上升的。金融機構對付前文風險的初期行為是做高價格，也就是風險溢價，但是後期則是配置。

那麼，風險是怎麼被定價的？前文提到是通過金融產品的設計，因為每一個產品都是一種風險的合約，不同金融產品是對不同風險的識別和定價。由此可以看到大概率事件就是基礎經營產品，包括資本賬戶上的股票債券，銀行當中的債款、存款。在覆蓋大概率事件時還會出小概率事件，小概率事件就是用衍生工具來覆蓋；更小概率事件就是衍生加衍生。然後會發現這是個立體化的市場：基礎加衍生，衍生加衍生。靠這樣的市場分散風險，金融產品不斷地首尾相接，不斷地立體化發展就形成了利率體系，也就反映為對風險的理解和定價。

進擊的利率市場化

假如金融機構是風險配置機構，那麼金融機構的配置手段基本有兩種。風險從邏輯上來講是未來不確定性，未來不確定性要麼是沿著時間發生，要麼是沿著空間發生，金融機構處置風險也是沿著這兩個軸走。

如果是沿著時間軸配置風險，我們稱為跨時配置風險，這是典型的商業銀行業務，最怕出現擠兌。怎麼防止擠兌？可以通過期限配置，用積累良好的流動性資產，把風險化解掉，或者是把風險推向未來。所以對商業銀行來說，最重要的就是流動性管理，只要流動性好，即使有壞賬也沒什麼問題，至少這個問題不會暴露，可以推向未來。再來看商業銀行怎麼定價？它是通過金融機構信貸管理進一步調查然後再定價。每一筆貸款，風險程度都不一樣，利率水準也不同，這就是跨時間軸配置風險。

另一種配置是資本市場。資本市場的理解是指在空間上、時間上對沖的業務，它的核心風險管理理念是把風險分散到每個市場參與者身上，管理要點就是市場內一定要相互買賣。所以資本市場上最大的風險就是交易對手喪失風險，如果交易對手死了那你也得死。因此資本市場需要根據不同的風險偏好設計產品，大概率事件作為基礎產品，小概率事件則為衍生工具，更小概率事件就是衍生加衍生買賣，於是它的市場是多層次密集的，而且時間上是對沖的。

要問兩種風險配置機制最大的區別，那就是商業銀行靠資產負債來經營，而投資銀行、證券公司是靠市場對沖來經營的。它們的定價形式是通過金融市場的買賣交易形成溢價或者是折扣，這個定價更多是由市場決定，而不是靠人為判定。而所謂的混業經營，就是把空間和時間這兩種風險配置弄在一塊兒。

風險定價從跨期配置走向資本市場

由此可以看到，所謂利率市場化本質是對風險的定價，它的表現形式是由於風險配置是沿時間軸或者沿空間軸，從而導致金融市場表現出兩種風格不同的金融機構：一種是跨時空的商業銀行業務，一種是空間對沖的投資銀行業務。如果一個金融市場以商業銀行為主，以跨時間軸風險配置市場，那麼這個市場結構就是間接融資為主；如果市場是以空間對沖為基本特點，那麼這個市場結構是直接融資為主。

一般來看，在金融市場發育早期，通常以跨期配置為主，而跨期配置又以流動性最為重要，從而導致利率主要體現為中短端，即信貸市場和貨幣市場。

隨著經濟的發展，長期資本需求變強，金融隨之深化，同時也意味著風險加大。反映在定價機制上則不能單純依賴人為判定，而需要市場決定，即買賣。因此，以債券為代表的固定收益市場出現，買賣交易的風險定價可以使利率向遠端延伸，金融結構由間接融資向直接融資方向轉變。伴隨著這種轉變，金融開始脫媒，隨之出現風險定價多樣化，也就是利率體系開始向遠端拓展，金融產品呈現多樣化。那麼，從某種意義上來看，金融脫媒就是金融市場深化的歷程。

形成市場利率的兩個交易條件

從宏觀來看，如果說利率是本幣的價格，那麼匯率就是外幣的價格，兩者同為資金的價格，匯率是利率的平價，因此，一個完善的金融市場也應該是一個開放的市場，資本項目的開放從而使資金自由流動以滿足供求，成為利率市場化的充份條件之一。利率市場化在這個含意上不是一個國家單獨的利率市場，它是全球競爭性的利率。

為什麼要管理利率？很簡單，因為流動性是金融市場的源泉，看看商業銀行的業務就知道了。商業銀行之所以被稱作存款銀行，是因為存款除了是可貸資金還是流動性的來源。除存款外，貨幣市場同業拆借是流動性獲得的重要手段，一旦同業拆借困難，則意味著流動性全面緊張。為防範系統性金融風險，央行就有必要補充流動性，因此央行是銀行的銀行，是最後貸款人。

央行是維持金融穩定的基石

從歷史上來看，央行的體制沒有出現以前，金融危機頻頻發生，央行出現以後，金融危機就很少發生。這種中央銀行的體制也就是一二百年的歷史，二十世紀初最早在英國形成，美聯儲是在一九一四年開始建立的，中國人民銀行是一九八四年才建立的。換句話說，中國的金融體制是一九八四年建立的，那一年形成了商業銀行加中央銀行的雙層銀行體制。過去我們老是認為中央銀行是貨幣政策執行機構，而貨幣政策對宏觀經濟波動的調節往往是跟需求相關的管理。二〇一三年六月份錢荒事件出現以後，人們也意識到央行還有一個功能，就是它是最後流動性的提供者，是最後的貸款人，擔負著金融穩定的責任。

央行通常通過公開商業操作來履行金融穩定的責任。在短期貨幣市場中，它通過賣來補充流動性；在拆借市場中，它使大家不至於同時遇到流動性困難，以致債券、債務鏈條不能維持。

通常在成熟的金融市場上，央行會通過貨幣市場的公共市場業務操作完成這一補充，其重要標的是國債。國債最大的好處就是穩定，想要把赤字穩定住就發短期國債，用短期國債進行換舊，以此來維持流動性。這樣做既能滿足日常流動性的穩定，也因操作影響流動性成本，也就是無風險利率水準，從而使利率向遠端傳導，進而成為貨幣政策的調控手段，即價格調控手段。

金融改革，開弓沒有回頭箭

在中國，央行的主要操作工具是央票，但因為央票是外匯佔款形成的基礎，所以它並不穩定。由於強制結匯，外匯賣給央行，央行必須要放出貨幣，這樣流動性就會過剩，為了對付過剩的流動性，央行又會發行央票收回流動性。流動性一旦不足，央行就會回收央票付款給銀行。

隨著目前中國貿易順差的不斷減少，外匯佔款也在不斷減少，央票的操作基礎將越來越薄弱，對流動性的調節能力也會越來越弱。這是構成二〇一三年六月份流動性困難的很重要原因。二〇一三年五月以前，外匯順差減少造成了外匯佔款的減少，央行補充貨幣的管道堵塞了，流動性自然偏緊。

因此，中國現行的貨幣調控政策急需調整，公開市場操作的體制不形成，金融體系裡就不能向遠端傳導。比如大家熱議的央行補充抵押貸款（Pledged Supplementary Lending, PSL），除了能把成本利率壓下來，還能支持宏觀經濟。

利率市場化不是價格變動，而是利率體系開啟的過程，是經營機構的競爭和競爭性的市場價格的形成。目前中國的金融改革是不是走得太快？我說是，但也不是，一旦改革開啟，就沒有後悔藥可吃，收不住的。比如二十世紀八〇年代放開價格之後，只能改革國有企業，不能再管價格。價格部份放開一定會有雙軌，雙軌一定會有腐敗出現，因為腐敗就是權利的價差，解決方法是要更加市場化。利率市場化也一樣，一旦開始就不能回頭，只能做好相關配套改革措施。

見微知著，中國經濟轉型壁壘

再來看中國的金融脫媒，隨著中國經濟進入新階段，中國開始了從間接融資向直接融資的轉變，也就是開始了金融脫媒。從圖二中國GDP（國內生產總值）的走勢圖中可以看到，二〇一二年第四季度開始，中國GDP開始持續下行。我本人研究宏觀經濟三十多年了，坦率地說我也不理解。過去研究宏觀經濟用週期分析作為基本標準方法。週期分析很簡單，一個上行一個下行就是一個週期，週期基本穩定。而現在，經濟下滑長度超過預期，表明此輪下滑不僅僅是週期性波動，很可能是變化的週期，折射的是經濟的結構變化。

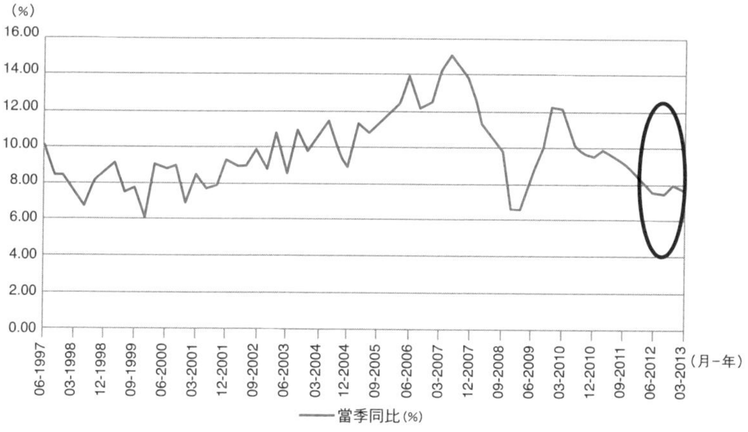

圖二：中國GDP增長走勢圖

資料來源：Wind, 中國銀行國際金融研究所。

經濟增長的冬天

和過去三十多年相比，中國經濟的增長條件正在發生深刻的變化。

首先，世界經濟持續低迷，預示著出口導向經濟已步入盡頭。遠的不說，看看過去經濟增長比較快的廣東省。大家總說中小企業融資難、融資貴，也對，但是嚴格來說也不完全對。中國的中小企業主要是出口企業，有訂單就增加投資，沒有訂單就不幹。金融危機來了，訂單減少了，企業就遇到了困難。我某年到溫州去，詢問溫州的老闆怎麼應付這種困難。人家說冬天我們見過，不就冷一點，那咱們多穿點，實在不行抱團取暖一下，挨過冬天一片春光明媚。意思就是說要維持生產就借高利貸，把生產力維持住。借不到怎麼辦？「咱們抱團取暖」就是互相擔保。只要等冬天一過，陽光明媚，出口形勢一好轉，所有的問題就全部化解了。但是他說唯一沒想到的就是冬天不太冷，但是冬天太長了，沒抗住，資金鏈斷了。因此，目前中小企業表面看是融資難、融資貴，但核心問題是中國轉型難以持續。

人口紅利的盡頭

其次是勞動成本的上升。過去中國農民工大量湧向城市，因為城市能提高工資，所以農民開始背井離鄉，到城市打工。由於農民多，大家的競爭非常激烈，工資長期保持在較低的水準，那個時候大家都知道要提高收入就要加班，這就造成了中國廉價製造的優勢。但現在按照我們的測算，農村四十五歲以下的青壯農民，百分之五十已經離開農村，二十五歲以下的百分之七十三都不在農村了，於是農村只剩下了留守兒童和留守老人。勞動力供給不像過去那麼充沛，於是工資價格自然上漲。

根據統計數據，過去幾年農民工的工資在全國都無一例外大幅度提高，每年提高百分之二十左右。更重要的一點是，並不是只有東部的農民工工資提高了，西部和中部的增長速度反而快於東部。二〇一三年農民工工資增長速度最快的省份是新疆，達百分之三十五。對勞動密集的行業來說，很可能不存在從東部遷到中部再遷到西部的現象了，企業都遷去海外了，於是柬埔寨、越南、斯里蘭卡等東南亞地區成為中國人投資目的地。中國現在是紡織品第一大生產國，而第二大生產國就是越南，都是中國去的。在沃爾瑪買東西，會發現比較廉價的服裝大都來自越南、斯里蘭卡、孟加拉國，但投資商都是中國企業。這和二十世紀八〇年代改革開放初期，港資、台資的鞋廠、製衣廠、箱包廠都轉移到大陸很類似，現在人民幣的跨國使用跟這一情況密切相關。

勞動成本上升使廉價製造業削弱了競爭優勢，中國未來經濟增長要靠勞動生產率的提高，而不是靠廉價勞動力的數量，這跟過去三十多年相比是一個重大的變化。

人口老齡化導致儲蓄下降

人口老齡化也是不爭的事實。從歷史的經驗教訓來看，日本的問題之一就是老齡化，老齡化出現一定會伴隨著儲蓄率下降。

道理很簡單，老齡化就是幹活的人少了，吃飯的人多了，但是好消息是消費會上升。比如養老產業、醫療產業會發展，這是新的投資熱點，但儲蓄是投資的來源，存款量下降就意味著投資驅動經濟難以持續拉動，而中國過去的經濟增長就是靠投資驅動的，同時債務問題也一定會出現。當然存款下降也與近年的風險變化比較快相關，比如理財產品能夠提出更好的收益率，老百姓能承受更高的風險，那麼自然會轉向理財產品。

零星資源如何推動高速發展

另外，資源和能源的約束也日益緊張，因此資源耗費型經濟增長必須要轉變。大家都很明白，霧霾已經是全國性的現象了，二〇一四年春天的某日全國有二百四十九萬平方公里是霧霾連成一片。人們突然發現，資源是有成本的，環境是有成本的，資源耗費性、環境耗費性的增長是不可持續的。

這一變化揭示了一個事實，就是中國經濟告別兩位數增長，越過那個點開始潛在增速下降。這意味著工業化進程到了中後期，並意味著經濟社會發展也到了一定水準。

金融脫媒時代

這對金融是什麼影響？就兩條：首先，如果進入工業化中後期，企業資產負債會下降，當小企業變成大企業的時候，會有一個穩定的發展戰略，不可能再做投機生意。那麼這時短期債務資本安排就不能滿足它們了，一定會出現短期負債被長期負債所取代，這是戰略融資替代貸款的現象，因此貸款債券在中國過去幾年是加速發展的。中石油是中國最大的企業之一了，在它的資產負債表裡：二〇〇九年以前，它的債務百分之九十是銀行貸款；再看其二〇一三年的資產負債表，大部份負債則都來自市場。中國所有大央企的資產負債結構都出現了這樣的變化，大量資金的獲得不再靠銀行廉價的貸款，而是靠市場融資。這個現象的出現，一定意味著經濟直接融資的發展，這就是脫媒的開始。

其次，隨著經濟進入一定階段，大家認為中國已進入中等收入社會。按聯合國標準，人均GDP超過四千美元就是中等收入，中國的人均GDP是六千四百美元，而上海已經達到一萬三千美元，可以看作是高收入社會。一旦進入中等收入社會，人們除了滿足當前消費、未來消費以後還有閒錢，閒錢的安排不是存款行為，我們稱為風險行為，也就是說人們願意承擔風險去獲得更高的收益，這叫做投資者行為。這種行為在中國的一種表現就是銀行理財產品的熱銷，理財產品就是風險產品。理論上來說，它是可以成本不兌付的，而且在購買前消費者必須承諾願意承擔這種風險。這也意味著金融開始脫媒，它不再是商業銀行存貸款業務，它變成一種非銀行行為。

隨著金融脫媒的出現，居民的風險將會發生變化，故需要新的金融產品滿足金融風險的變化，這就是利率市場化，因為要對風險重新定價。所謂金融產品創新這幾年進展很快，但銀行仍然是金融創新的主力。比較一下，銀行每年提供四萬種理財產品，而資本市場才有多少種？沒有辦法，這是兌付脫媒，要留住客戶，就必須有創新，這就是利率市場化的形成。

如果從社會融資總量來統計，二〇〇二年中國社會融資總量百分之九十七的百分之九十一點九來自商業銀行貸款，企業獲得資金百分之九十來自商業銀行。到二〇一二年，商業銀行貸款只佔百分之五十，其餘資金來自非銀行。如果從當月值看，這個趨勢還在繼續變化，非銀行存款的金融產品越來越豐富。但是這些豐富的金融產品不是證券公司創造的，而是由銀行創造的。四萬種理財產品是脫離傳統存貸業務的產品。

金融脫媒成為不可阻擋之勢，從圖三可以明顯看到中國債券市場開始發生根本性的變化。圖中沒有顯示，但到二〇一四年四月，第一次債券規模開始超過股票市場，中國市場由此具有了對沖性。過去講中國資本市場是單邊市場，只能漲不能跌，因為沒有衍生工具；只有股沒有債，所以不能做資產配置，不具有對沖功能。可隨著發展，債券投資突然變為最好的投資，很多基金都開始往偏債方向走了。

債券品種也相對齊全，除了政府債以外，信用債開始大規模出現，但銀行間債券佔了市場的絕對統治地位。這是金融脫媒更核心的含意，雖然表面看來，是非銀行金融的發展，但其實銀行本身也發

圖三：中國債券市場托管量增長迅速（截至二〇一三年四月）

生了轉變，它開始變成非銀行金融機構，迫於競爭壓力，不得不跨市場經營。

互聯網金融實際上也是跨市場經營，包括貨幣市場和信貸市場，支付寶購買長期大額存款，這是跨信貸市場的資本市場。它給了傳統金融機構一個提示，傳統金融機構必須要混業、要跨市場，否則別人就會跨你。實際上，中國資產證券化發展仍然非常不充份的，連全球最標準的產品MBS（抵押支持債券）中國都沒有。

金融脫媒是經濟發展到一定階段的產物，也是利率市場化的必然結果。從世界經濟角度觀察經濟發展，長期資本提高意味著風險擴大，需要新的定價手段，這推動了利率市場化，並出現了金融脫媒。從金融部門觀察，利率市場化使風險得以釋放，為了應對風險，金融部門需要通過不同的定價方式，提供不同的風險合約。多樣化的金融產品所代表的金融脫媒，既是金融部門定價門類的提高，也是金融機構本質出現風險管理的內在要求。

正因為脫媒的出現，過去千行一面的局面將被改變，市面上會對這個改變做出積極的回應：民生銀行將風險垂直化管理，把高風險客戶通過一定的管理手段比如產業聯盟等風險溢價內化，獲得高收益；興業銀行則是轉賣市場，讓風險在市場上互相抵消，最終釋放。這是兩個完全不同的方向，它改變了傳統商業銀行所謂的全能、什麼都做的局面。從這個意義上來說，中國金融業的局面正在發生變化，開始風格化，改變了舊有特色。這是我們認為利率市場化和金融脫媒是對中國銀行業、中國金融業最深刻的影響。

CHAPTER 4

現實與未來：小額貸款公司的是與非

焦瑾璞

中國人民銀行金融消費權益保護局局長

引言

小額貸款公司（也簡稱小貸公司）的摸索始於一九九八年，當時中國開始希望建立多種所有制的社區銀行，並在二〇〇五年開始試點，到二〇〇八年正式開辦小額貸款公司。截至二〇一三年二月末，全國總共有四千四百一十六家小額貸款公司，雖然發展快速但始終受制於扭曲的政策。本章梳理了小額貸款公司的產生與發展，指出小貸公司夾縫中生存的關鍵在於小額貸款公司有明晰的產權，並在此基礎上建立了較為完善的公司治理機構。並藉此展望了小貸公司的長遠發展形式：不重新評估，適時地升級換代，將寸步難行。

中國小額貸款公司的產生和發展，一直是在政策的扭曲中進行的。可以說，從小額貸款公司的設計到發展，沒有一項是按照政策規定形式走的，都走偏了。

為什麼會有小額貸款公司？最初設計時，這些公司根本不是小額貸款公司，二十世紀九〇年代初時，國家治理金融「三亂」，改革了農村基金會、農村信用社。改革以後就遭遇了一九九八年亞洲金融危機，那場金融危機使上述的小機構都倒閉了，而大銀行繼續擴大規模。到二〇〇〇年，中國基層金融基本上空白了，各地反應都非常強烈。二〇〇二年至二〇〇四年，第二次全國金融工作會議展開，討論到最後，決定成立深化農村金融改革和農村信用社改革的領導小組。由於農村信用社改革的失敗，二〇〇四年中國人民銀行提出成立多種所有制的小型金融機構，或者叫社區銀行的策略。二〇〇五年，大家擔心「多種所有制金融機構」這種提法不好，於是中國人民銀行又再提出設立小額信貸機構。

所謂小額信貸[14]機構，就是集合了存貸款匯兌業務的機構，而它最後是怎麼變成小額貸款公司的呢？其實就是在部委政策制定的博弈過程中，這個部門不同意、那個部門不同意，最後生成了小額貸款公司這個怪胎。小額貸款公司也不再是金融機構，而是一個公司。前面冠以「小」字，是指放進去的貸款是小額性質的。從二〇〇五年十二月份試點開始，一直到二〇〇八年才正式出台，政策在制定過程中一直在變化，原先較大的機構設定最後越變越小，成了小額貸款公司。小額貸款公司自成立以

[14] 一般小額信貸指向低收入群體和微型企業提供額度較小的持續信貸服務。目前，中國小額信貸大體分為：一、大銀行提供的失業擔保貸款、助學貸款和扶貧貸款；二、農村信用社的小額貸款；三、目前存在的一百多個非政府小額信貸組織。

來，對它是是非非的議論就沒有停止過。

蓬勃發展的中國小額貸款公司

現在有四種類型的公司：小額貸款公司、村鎮銀行、貸款公司、農民資金互助社。和其他三類相比，小額貸款公司可謂一枝獨秀。現在小額貸款公司以每個月一百五十家的速度在發展，連獨資、外資小額貸款公司也已經超過五十家了，都是近些年冒出來的。產權的明晰以及在此基礎上的治理結構調整是小額貸款公司一枝獨秀的原因。小額貸款公司是股份制的，是基於這之上的法人治理結構。

還有一個很重要的原因促進了中國小額貸款公司的快速發展，就是不盲目照搬國外的經驗，而是根據中國國情，結合自身的特點和優勢加以調整。小額貸款模式在國外有很多，最有名的是穆罕默德・尤努斯（Muhammad Yunus），但他的模式結合了孟加拉國情，跟中國不一樣。中國的小額信貸和小額貸款公司的發展，一定要結合中國的國情。這幾年，小額貸款公司在中國能發展起來，也要歸功於沒人管，放任市場自由調節發展方向。

不過也確實是時候對小額貸款公司進行評估、升級換代、制定清晰的指導原則了。從二〇〇八年開始，最初的指導原則已經無法適應這幾年來的實踐發展，未來政府相關部門需要適時推動這一進程。

中國現狀

查閱最新統計，把我嚇了一跳：截至二〇一三年二月末，全國共有小額貸款公司六千四百一十六家，二〇一三年一至二月新增三百三十六家，其中二月當月新增一百五十八家。小額貸款公司貸款餘額六千六百一十六億元人民幣（下同），同比增長百分之四十五點四，相當於一個全國性的商業銀行。另外，小額貸款公司目前從業人員七萬四千五百人。二〇一三年前兩個月，小額貸款公司利潤新增七十五億元，虧損面百分之十五點五，而外資小額貸款公司達到了五十二家。

與此同時，銀監會公佈的貸款公司還是只有十家，它們的餘額還是那麼多；村鎮銀行真正開業的、並納入中國人民銀行金融統計體系的共七百六十五家，各項貸款餘額也只有二千三百二十四億元；而農村資金輔助社只有二三十家。

具體來說，每個月小額貸款公司新增大約一百五十家，同時，二〇一三年年底新增接近三百億元的貸款，在大銀行要抽錢的時候，幫助不少中小企業度過年關，這叫對社會負責。還有一點是貸款結構，小額貸款公司的經營貸款都是新增的，而且小額貸款公司的貸款多是貸給個人，體現了小額貸款公司的公益性。另外在資金來源上，小額貸款公司的資金增量基本上是自有資金。

三問小額貸款公司

總體來講，大家開始關心和關注小額貸款公司了，特別是一些正規金融機構也開始關注並實踐小額信貸，有幾家小銀行甚至開始了相關轉型。另外，電商和互聯網金融開始出現，比如阿里巴巴，類似的資訊公司或者網路平台信貸也出現了。面對這種情況，大家會爭論幾個問題：

第一是概念。什麼是小額信貸？這個概念不多說了，讀者有興趣的話可以參見全國人大常委會財經委副主任委員吳曉靈女士和我主編的《小額信貸》一書。總而言之，我認為中國的小額信貸應該結合自身情況來做。

第二是大銀行。大銀行不做小生意該怎麼辦？我記得美國經濟學家雷蒙德．W．戈德史密斯（Raymond W. Goldsmith）一九八三年的一本書《金融結構與金融發展》，裡面對金融體制和金融體系進行了反思。有句俗話叫「門當戶對」，實際上金融與經濟發展也是這樣的關係，因為我們現代金融體系、金融機制存在不足，大銀行太大，缺乏中小金融機構、微型金融機構。

第三是小貸模式。我的思路是，想要解放思想又實事求是，就得走中國特色，儘管國際上通行小額信貸的數額一般為當地GDP的五倍左右，但現在中國經濟這麼大，如果非要按照扶貧小額信貸的標準，就像非要讓大象坐在馬桶上，根本不適合。在探索中國特色小額貸款的過程中，要勇於去創新。

最後得明白小額貸款的風險點到底在哪裡？是不是有很多不正規的經營？實踐中，小額貸款公司退出市場，一是不達標被取消經營資格。二是融資困難，無款可放，主動要求退出市場。三是經營不善，不良率高，陷入財務困境，被迫退出。四是少數小額貸款公司因其股東產生糾紛導致公司解散。如果出現風險的話，是系統性風險還是區域性風險？我認為小額貸款公司的風險是區域性風險，小額貸款公司就是出事，也釀不出系統性風險。另外，小額貸款公司出了風險到底誰來管，是地方管？監管部門管？還是大家都管？當銀監會不管，讓工商局管，工商局說他們也不管。中國人民銀行想管，前兩家單位說你沒權管。最後怎麼辦？推到地方，地方金融辦有權了，監管體制撕破了一個口，這就是現今的監管現狀。

中國小額貸款公司闖出一片光明

我認為現在的形式對於小額貸款公司，既是機遇也是挑戰。機遇都是給予有準備之人，凡事要主動，小額貸款公司一定要這樣想，不能等，等是等不來的，也靠不來。

首先是練內功，要先看看自己肚子裡有多少貨；另外要想想怎麼走，這仍然是定位問題，要靠大家呼籲。

其次是未來選擇怎樣的模式，我總結了幾個對小額貸款公司的市場定位和發展模式：

第一，走真正的小額貸款道路；

第二，供應鏈融資；

第三，確認是不是新的投資途徑；

第四，有些人佔著位置不幹活，特別是一些上市公司，其成立小額貸款公司就是為了做一個殼，還有的是作為集團內部的財務公司——集團很大，平常還要劃撥資金，乾脆成立一家小額貸款公司一律走市場化；

第五，確認目標市場在哪，是不是專業市場？專做商貿的和專做汽車的就不一樣。

再次是平台，目前小額貸款公司沒有行業組織。為此，中國人民銀行自發成立了小額信貸機構聯席會，以及小微金融六十人論壇，希望有更多志同道合的人參與。通過中國小額信貸研究院開展小額貸款公司的評級和徵信工作。

最後是創新，主要是技術和發展模式的創新，創新可以借用一句話，「一個人要是不逼自己一把，根本不知道自己有多優秀」。小額貸款公司應該在這方面多想想。

CHAPTER 5
影子銀行內幕

張化橋
中國支付通集團董事長

引言

小額貸款、信託投資公司、民間借貸、典當，甚至銀行裡千奇百怪的理財產品都屬於影子銀行的組成部份。今天中國面對的流動性過剩、低利率、信貸擴張、通膨、房地產泡沫等問題，更與影子銀行環環緊扣。本章揭露中國小微貸款公司的經營現狀和面臨的問題，並指出影子銀行由於其供求關係成立而具有存在的合理性。中國工業項目產能過剩的經濟源頭何在？銀行理財產品的高利率又產自何方？

目前，中國有六千多家小額貸款公司（以下簡稱小貸公司，按中國二千多個縣來算，平均一個縣或者一個區有兩三家。與農村信用社類似，監管機構只允許一個鄉鎮設立一家小額貸款公司。儘管沒有競爭，但這個地方的小貸公司也不能走出該地區發展，因此每個地方的小額貸款公司都形成了一個小壟斷。這樣的後果首先是增加了風險，如果某個小額貸款公司所在地方是種植蘑菇的鄉鎮，那麼它的風險敞口就全是蘑菇，蘑菇暢銷的時候自然賺很多錢，但是銷售不好的時候這個小額貸款公司就很可能倒閉；其次，在壟斷情況下，小額貸款公司不會遭遇競爭和挑戰，也就不會提高效率，事實上，它也不需要提高效率，會像眾多小國企一樣不死不活。

二〇〇八年，央行和銀監會出台通知，小額貸款公司獲得了「准生證」，但是現在很多小額貸款公司都表示沒有監管就好了，甚至有意放棄自身合法的牌照，因為沒有牌照、不受監管的民間借貸公司比眾多小額貸款公司活得自在。

讓人摸不著頭腦的監管系統

目前，小額貸款公司的監管成本很高。比如，我只做了一年就辭了萬穗小額貸款公司的董事長職位，但是今天我還是用那張名片，因為要把我這個董事長從監管機構換掉，沒有厚厚一沓文件可不行，所以現在我還是董事長，還是法人代表，還是常去那裡簽字。類似的制度成本，其實是對價值創造的極大抵消。

每家小額貸款公司都只能指望著一個地區，不准開分支機構，不准兼併，沒有合併，不能聯合，就連股權參股也不行。還有更奇怪的事情，巴掌大的小額貸款公司要受三層監管，比如我這家小額貸款公司是廣州市花都區的，受花都區的發改委管，他們人真好，但是程序總不能免掉。我們寫文件得先寫給花都區發改委，批示以後送到廣州市金融辦，別看金融辦四五個處，處長、副處長、科長一大堆，文件送上去，金融辦的人還很可能出差休假了。好不容易弄完了，報到省裡，廣東省的文件多如牛毛，我們公司的文件經常被淹沒掉。小額貸款公司一般就是十幾號人，人多一點也不過五六十號人，如果專門派幾個人來負責和監管部門溝通，客戶生意還做不做？業務開拓還做不做？

小額貸款公司不能少於十個股東

此外，還有一些很荒唐的監管條款，比如一家小額貸款公司不能少於十個股東，但是股東太多也不行，因為一個股東的股份不能少於百分之一。中國六千多家小額貸款公司，幾乎每家都有這樣的情況：很多股東之間根本不認識，都是「拉郎配」拉來的。這樣的股權結構不利於小額貸款公司的健康發展，不說發展過程中遇到的各種挑戰，僅憑現在制度的小細節就能成為發展的大障礙。比如有很多事情要簽字，以我的經驗為例，我們小額貸款公司找國開行貸款，股東要擔保，每個股東都是連帶責任，都要本人簽字。其中有位股東是重慶人，特意飛過來，結果過來以後，國開行一位副處長病了，只能改時再簽。這樣來回幾次，可想而知交易成本高了多少。

單一最大股東股份不能超過百分之二十

還有一些規定，比如單一最大股東股份不能超過百分之二十。互聯網上有記者說一股獨大不好，我實在弄不明白為什麼這樣不好？如果大家都不管事，那就是聯合股權，什麼事都做不成。很多人反對一股獨大，認為一股獨大就把錢捲走了，似乎在中國上上下下全是這個邏輯。

我是這麼看的，A擁有公司的百分之九十股份和B控制公司百分之二十的股份，你說誰更有把錢捲跑的隱憂？B只有百分之二十的股份，一旦跑路，可以捲跑剩下的百分之八十；而A本來就有百分之九十，還有什麼可捲呢？一個企業不可能是十三個股東天天參與管理吧，總得有個人牽頭，不然就是三個和尚沒水吃。至於我是擁有百分之二十的股份參與管理，還是擁有百分之九十的股份在操盤，其實都一樣。作為一個實際控制者，控制權並不因為他的股份從百分之三十漲到百分之九十以後就隨之增大，也不是他簽個字說了就能算。所以在控股權這事上，我始終沒有搞明白我們的官員和老百姓是怎麼想的。

另外大家忘記了一件事，小額貸款公司本身生意不大，當只有百分之二十股份的經濟利益時，就算拚命幹，好處也只有百分之二十，幹砸了還得挨其他股東罵，吃力不討好的活兒，誰想幹？我們想想，究竟是有百分之九十股份時動力大，還是佔百分之二十股份時的動力大呢？還有另一個情況，因為政策上只允許個人單一最大持股百分之二十，但很多人覺得只佔百分之二十沒有意思，所以他們是這麼做的：為了增加更多的持股而請很多人代持。中國六千家小微貸款公司裡面，我想至少有七千個股份是找人代持的。為什麼呢？因為過戶批准非常麻煩，小額貸款公司既是工商部門也是國計民生部門，受到很多機構監管，不符合條件，就不批，不能過戶，只能請人代持。請人代持沒關係，但請人代持要簽的文件堆起來一丈高，時間就耗在這裡了。

資本負債比例限制

接著說負債問題。監管規定小額貸款公司的負債不能超過資本金的百分之五十，這太荒唐。誰說規定負債比例高實際就能達到呢？例如規定負債比例為資本金的一萬倍，實際上，我想借一萬倍就能借一萬倍嗎？老百姓說比例太大很危險，可我們的工商企業不受任何監管，怎麼也沒借到一萬倍呢？

貸款利率限制

最後是貸款利率問題。更可笑，必須四倍於基準利率。貸個四倍半就不行，基本貸款利率是百分之六，四倍就是百分之二十四，你會說利率已經很高了。其實，百分之二十四也賺不了太多錢。首先，和小額貸款公司打交道的都是次貸，我的客戶就全是次貸。其次，規模小，限制越多，利率就必須越高，否則讓我虧錢，我就不幹了。越多人不幹的話那麼市場利率就會越高，談何支持中小企業呢？

我當初離開瑞銀進入這個行業的想法很簡單，就是想像買股票一樣在低位買進。但實踐下來，我覺得不能指望這個行業在短時間內有大的改善。

做完這些以後，我在掙扎過程中開始對P2P感興趣，我認為它避開了幾件事：第一，不要牌照，這個牌照是一根上吊的繩子；第二，受到的監管較少；第三，可以打破地域的限制，區間大；第四，它可以標準化。

沒有擔保的P2P難成大器

在中國，純粹做平台、不參與擔保的P2P網站其實很難存續下去。比如杭州數銀在線為什麼會失敗？它的商業模式是打廣告，廣告天下，你們要錢的都找我，我幫你想辦法解決。貸款人來了後要上傳身份證、家庭資訊及財務狀況，之後數銀就會打電話核實，核實以後看你這個貸款人像模像樣，就會給你推薦一家杭州銀行，再推薦一家農業銀行，網站自己不貸款，也不去融資。這就出現一個問題：杭州銀行會問，推薦的客戶有擔保嗎？數銀在線表示，我不擔保。那麼不擔保，這個貸款項目壞了怎麼辦？銀行又不是缺客戶，況且數銀在線推薦的客戶都是小客戶，銀行就顯得不那麼積極了。而客戶那邊會說，我在你這兒申請兩回了，每次都被杭州銀行拒絕，以後再也不通過數銀在線這個平台申請了，最後來申請貸款的人就少了，接著銀行就會問，推薦的客戶怎麼這麼少呢？長此以往，陷入惡性循環，最終導致數銀在線的失敗。

提供擔保的P2P網站則可以避免這個問題，但這類網站卻需要大量資金來持續運營，相對於出資人而言要承擔更高風險，收益卻相對較低。為了控制擔保風險，在業務上就不得不加大風險控制，需要培養很好的風險調查人員，對借款人進行嚴格的資信審核。這種成本其實對於純P2P平台而言，是幾何級數的抬高。不但抬高了難度，某個程度上其實也限制了規模。事實上，有擔保的P2P網站生存難度要遠遠超過其他金融業態。

中國的影子銀行

再講講影子銀行⓯，現在大家都說中國的影子銀行太瘋狂了，這意味著影子銀行品質很差？這點我堅決不同意。總的來說，中國的影子銀行具體包括：債券、衍生工具、PE（私募股權投資）、民間借貸、小額貸款、租賃、擔保、理財產品、信託、委託貸款、公司之間的貸款等。截至二〇一三年底，中國影子銀行的總規模為二十三兆元，相當於二〇一三年GDP的百分之四十四，規模小於G20國家和歐元區——它們的比率前年就高達其GDP的百分之一百一十。對中國的影子銀行，我的總體看法有兩點：一、大多數資產品質不亞於銀行貸款；二、影子銀行太小，不足以威脅銀行系統。

先說最大一塊的影子銀行——銀行理財產品。我個人是買理財產品的，我的父母家人也都買，只要銀行發的我們都敢買。

為什麼敢買？在我眼裡，它跟存款一樣，儘管它們在法律上不一樣，理財產品是銀行代替別人發的。對於銀行第三方理財產品，銀行有道義的責任和監管的責任：銀行選擇行銷什麼產品是有責任的。儘管銀行在推銷理財產品時會留存免責聲明的證據，但按照國外的監管，如果銀行賣給我一個本身很有問題且不適合顧客的產品，或者銀行對這種產品沒有做盡職調查，客戶就有法律依據問責銀行。所以我認為銀行資產負債表沒有不分內外，銀行發的理財產品就是負債。

那接下來的一個問題，銀行在存貸利差這麼大的情況下，為什麼還要搬石頭砸自己的腳，來銷售理財產品？因為銀行不幹，錢就流入到影子銀行，所以與其流入影子銀行，還不如銀行自己再開一個影子銀行。但這說明了什麼問題？說明百分之四、百分之五、百分之六的理財產品的利率就是存款利率，這就是所謂利率自由化、放開利率管制後的存款利率。

影子銀行為何如此猖獗？原因就在於利率管制。中國長期以來的金融抑制使得存款利率低於均衡利率（遠低於通膨率），老百姓始終都在想辦法賺取高一些的利息。但是，銀行即使再加三至四個百分點的利差（雖然這個利差太大，反映了銀行的低效率和暴利）之後的放款利率還是太低。所以全國正規市場的資金價格太低，貸款需求被人為地刺激起來，連低效率的項目也可以依靠貸款並有利可圖。國有企業的爛項目和有關係的民營企業的投機項目佔用了大量信貸資金。

在其他的影子銀行構成中，這裡稍微講講小額貸款、典當和信託。首先，典當跟小額貸款其實是一回事，只是監管部門不同，再多設了幾個部門。小額貸款和典當的規模小，來自監管部門的限制也很嚴格。而且，小額貸款公司和典當行的信貸資金基本上是股東的自有資金，因此對風險的掌控很小心，這與銀行貸款的風控是完全不一樣的。

⓯ 影子銀行（Shadow Banking system），是指銀行貸款被加工成有價證券，交易到資本市場。它包括投資銀行、對沖基金、貨幣市場基金等非銀行金融機構。這些機構通常通過槓桿操作持有大量證券、債券和複雜金融工具。影子銀行的快速發展和高槓桿操作給整個金融體系帶來了巨大的脆弱性。

其次，關於信託，其實它的品質不差。雖然有違規，但比例不大，信託的品質一定不差於銀行貸款。銀行出現的問題往往是銀行自己打掉牙往肚子裡吞，外人看不見，不見得沒問題，銀行壞賬問題也很多。然而，信託為什麼給人感覺品質差？因為信託出了一個小問題，媒體就會大肆報導，但如果把銀行各個貸款的項目，幾十兆元拆開以後，你看看也是嚇一跳。

所以影子銀行的品質要麼好過銀行的普通貸款，要麼跟銀行的普通貸款是同一個級別的問題，只不過原來資金成本是百分之二，貸款利率百分之六，現在向上平行移動資金成本是百分之四，貸款是百分之九。如果政府真想消滅影子銀行，或者控制影子銀行增長，其實辦法挺簡單，只要給存款利息加兩個百分點，影子銀行就都關門了。

CHAPTER 6

資本市場該有怎樣的制度改革

聶慶平

中國證券金融股份有限公司董事長

引言

什麼是頂層設計？為何改革發展至今，仍然要提頂層設計？雖然在不同時代下不同改革試圖解決不同問題，但是市場的根本問題並沒有得到解決，而問題的解決亟待頂層設計。本章回顧資本市場發展歷史，從新股發行制度改革、多層次市場命題、資本市場對外開放和金融創新四個方面逐一展開。《新基金法》推出，受到巨大衝擊的中國財富管理行業應如何應對？隨著資本市場的改革，往日私募加IPO模式導致的公司上市圈錢就跑的行為定將不復存在，未來的私募該如何適應新的市場規則？

二〇一三年開始，新一屆政府上臺後的一個重要指導思想就是通過釋放改革的紅利、政府簡政放權轉變職能形成中國經濟的升級版。這意味著，和前三十年的改革開放相比，中國下一步應該是在高層次的發展上會有一個新的突破口或者新的變化。中國證監會的宗旨是「兩維護」：維護資本市場的公正公開公平，維護中小投資者的利益，促進資本市場的健康發展。很顯然這個定位也指導著當前資本市場的走向，這些都說明中國資本市場要思考頂層設計⑯的問題。

不解決源頭問題，證監會只能白忙活

一九九〇年，上海和深圳進行股份制改造——上海八支股票、深圳五支股票上市。當時中國資本市場剛啟動，時任證監會主席劉鴻儒就是「開荒鋪路架軌道」者。第二個階段，在周主席（周道炯）的時代，資本市場主要是國有企業上市。大家說的「一拖二」「一拖一」，就是指優勢企業上市的時候要打包帶上一兩個困難企業，把困難企業拖進股市，解決國有企業的融資問題。第三個階段，到周小川主席的時代，主要解決國有股份的減持問題，當然這個政策沒多久就流產了，市場不給予支持。最後是股權分置改革，但是花了三年時間，最後卻形成了必須進入限售，而且每年不能超過百分之一的結果，市場的根本問題沒有得到解決。到郭主席（郭樹清）的時候，資本市場改革變成要推動價值

---

⑯ 頂層設計是運用系統論的方法，從全域的角度，對某項任務或者某個專案的各方面、各層次、各要素統籌規劃，以集中有效資源，高效快捷地實現目標。「頂層設計」在中共中央關於「十二五」規劃的建議中首次出現。

投融資，但這還在進行中。

回顧幾任證監會主席任職的過程，以及他們工作的主題，實際上可以發現不管工作重點是什麼，其源頭皆是希望從根本上解決中國資本市場的頂層問題。例如英國、美國的證監會主席就不需要推新東西，因為英美的資本市場已經很成熟，中國資本市場出現的諸多問題，根本源頭就是頂層設計的缺陷。

新股發行制，爛泥扶不上牆

中國資本市場頂層設計的最大問題首先是二級市場（流通市場）基本上已經市場化了，但是一級市場（發行市場）卻不是。這個關係不理順的話，整個資本市場機制的建設可能就不會是健康的。

由於一級市場目前還是採用行政審批的方式，所以問題比較多。從資本市場試點一開始，問題就接踵而來：當時只有上海和深圳這兩個地方可以公開發行股票試點並實行額度制，額度從一點五億元（人民幣，下同）開始，證監會成立以後開始給五十億元額度，接著給一百五十億元最後追加至三百億元，是一個逐步增加的過程。

額度制的缺陷是明顯的，國家每年確定額度，然後在全國按照行政區劃，把股票的額度切到各個省市。額度到省市後，省市又把額度往下細切到企業，切到恰好滿足股票公開發行必須佔公司總股份百分之二十五的臨界點上。在這種股票發行管理體制下，股票發行企業都是小企業。所以最初上市的公司有百貨公司、工程建築隊、小型工業企業等，就是沒有大型國有企業。大型企業為什麼都到海外去上市，主要是由股票發行審批制度造成的，境內A股市場有額度，所以小企業上市多；海外上市不要額度，所以大企業多。

後來發現額度管理不行，證監會就改用「總量控制，限報家數」的方法，但這也是按照行政計劃來分配的手段，最後每個部門，甚至到全國婦聯都有股票的額度指標，但是婦聯沒有企業怎麼辦？它們就倒賣額度，所以做投資銀行不需要技術含量，拚的是公關能力，只要拿到額度就可以做投資銀行。

目前採用的通道制，由中介機構進行保薦，形式上是市場化的方法，實質上也還是通過保薦人進行一定的控制。由於審批機制會帶來整個一級市場的溢價和二級市場嚴重脫節，只要股票發行成功就能夠大筆圈錢套現，由此導致中國證券市場長期存在IPO造假現象。在保薦人的制度下，保薦人資格也成為了尋租的一個管道：「你以後的職業理想是什麼？」「首先，我要考保薦人，因為保薦人工資高。」這種脫節也可以解釋「新股發行前兩年很好，一上市就不好」的普遍現象，你看IPO排隊企業的財務大檢查，證監會稍微動一點兒真格，二百多家企業就主動撤走了IPO申請。

所以，資本市場頂層設計的一個核心問題是要解決實行審批制的新股發行制度，二十年了，我們還沒有找到一個妥善解決的辦法。對於這個頂層設計，很多專家提了改革建議，總共不下幾千份。但是問題為什麼還沒能解決？我認為新股發行制度不應是現有制度的修修補補，而是能不能建立真正放棄審批、走向成熟市場的股票發行制度。

拋棄審批制走向成熟

成熟市場的發行制度是詢價制或建倉制（bookbuilding），它分為兩類：一類對機構投資者的叫配售股份；一類對散戶採取公開發行。整個發行過程中，發行人的承銷商、保薦商都需擔負一定責任且沒有任何審批。在建倉制的情況下，如果要發行一支股票，企業可以自行決定何時上市，不需要經過任何審批，也沒必要擔心發行計劃有可能被否決。

以香港的上市流程為例，在企業提起上市申請後，按規定走完相關程序，將資料提交到香港聯合交易所進行臨詢，臨詢是企業要完成的資訊披露過程，藉此保護中小投資者。註冊完招股說明書以後，承銷商（例如證券公司）就可以開始推銷了，包括一對一的推銷，即帶著股票發行人一家一家地拜訪潛在投資人（多為基金公司），然後告訴對方：上市公司的年收益有多少，主營產品是什麼，發行市盈率多少，以及未來的發展計劃等，藉此引發投資者的興趣。

在國外，一般來說，招股價不會定得太高，因為投資者也會計算，如果是單位數的股票發行，大家認為十倍以下的市盈率已經算高定價，超過十倍以上那定價就是很高的了。所以路演的時候會確定一個適應率區間，八至十二倍或者十二至十四倍。這個投標的過程叫「Book」（申報），「Book」該股票的認購價格並確定每家企業認購的訂單數量。在「Book」的過程中，根據不同投資者的申報價格會有不同的數量，以此做出供給曲線；而在不同價格下面也有不同的股票需求，因而形成一條需求曲線。兩條曲線對應一個均衡點，以此確定發行價格並對投資者配售股份，這是西方的投資方式。在西方一旦投標了，一旦「Book」了，你就必須要認購。在市場化的發行制度裡，上市公司的市盈率不會太高。

漸漸地，我覺得中國未來一定也會按照市場化的方法，通過建倉制在沒有審批監管的情況下，只強調從技術上進行資訊披露。只有過渡到這個層次，我們才能夠解決問題。

勿拔苗助長緩推多層次資本市場

現在，中國提出要大力推進多層次的資本市場發展，這是推動資本市場服務於實體經濟的重要舉措。在這個過程中，就需要進一步完善交易所市場、不斷改革創新創業市場、積極發展全國中小企業股份轉讓市場和規範各省市區域性的股權交易市場。

尤其在完善交易所市場這點上，我們有過不少經驗教訓。上海、深圳兩個交易所剛成立的時候，由於股票交易能夠帶來資金和稅收，全國各地開始掀起成立證券交易所的熱潮，當時北京、武漢、瀋陽、重慶、成都等地方政府都提出要在本地設立交易所。在各地出現盲目攀比的情況下，時任國務院副總理朱鎔基批示「中國不再設立第三家證券交易所」，這才剎住了這股風潮。現在中國國內有各種類型的交易所，如股權、藝術品、貴金屬等。以藝術品交易所為例，其實就是所謂中國的大玩家們，幾個人買下來一幅很貴的畫，再拿到藝術品交易所拍賣，價格因此也隨之上漲。這是很多交易所的現狀。

在國外，基本上任何權利的交易包括股權的交易，都在當事人雙方之間發生，只要有合同約束就夠了，不需要建立一個專門的交易所。一旦把交易標準化賣給公眾，就要受到註冊監管和集中監管，所以，只要有註冊和監管的統一市場就可以了，除此之外的都不需要。如果按照這個理念去設計我們的資本市場，現在很多交易場所和交易中心都可能需要被清理掉，這是需要我們多層次考慮的問題。

成就價值投資的基礎

此外，理順發行市場和二級市場的關係，還需要有幾個配套：

第一個配套不是嚴格執法，而是加強立法。其實《證券法》的核心就是管，管關聯交易、從業競爭、資訊披露、高管的誠信責任、公司財務虛假資訊等。這一塊要加大執法的力度，必須有配合市場發展的新法規出爐。目前最高人民法院根據《證券法》和《刑法》的相關條款，已經做了一個關於虛假陳述的司法解釋，但這個司法解釋的出台卻花了二十年！像萬福生科這樣的嚴重造假行為，在國外是一定要進監獄的。所以，資本市場的「問責制度」必須法制化，中國迫切需要完善上市公司監管的刑事法律制度，形成嚴格的股市法制環境。

走到這一步之後，再解決高溢價的問題。如果一級市場的發行全部放開，一級市場和二級市場間就沒有不合理的套利價差，投機必然會過渡到價值投資。關於股市泡沫，曾經有一個英國歷史學家研究南海泡沫，認為南海泡沫[17]形成有三個原因：第一是在十六至十七世紀期間，長期的英法戰爭（據統計，這一百年當中大概只有四年時間沒有打仗），人均壽命很低，只有三十歲左右，所以人很容易產生急功近利、一夜暴富的思想。第二是當時人們把買股票當成買彩票。第三就是資訊不對稱。那時候人們在咖啡廳傳遞股市投資的資訊。如果我們還停在炒南海泡沫類似的狀態裡，肯定是不行的。一級市場發行現在還沒有市場化，必須把這個根改掉，中國才有可能進入到投資股票價值的時代，其他技術性的改革都不是關鍵點。

警惕資本市場的對外開放

對於資本市場的對外開放，一般有兩種模式：一種是直接開放，一種是間接開放。我們採用的是後一種，而其他新興市場基本都採用直接開放的模式，那麼到目前為止，中國的開放模式到底是不是成功的？

糟糕的資產國際化導致中等收入陷阱

從國際金融的經驗來看，新興市場金融開放的過程一般如下：首先，國際資本會唱空資本價格；然後同時會拚命逼迫新興市場放開市場。在這個過程中，市場開放的過程其實也就是石油、黃金、貨幣、股票、房地產等籌碼的開放過程。這個客觀模式是確實存在的，日本、韓國。包括台灣都如此。

⓱南海泡沫：即南海泡沫事件（South Sea Bubble）。指英國的南海公司（South Sea Company）在一七二〇年時發生的一次炒股事件，最終導致股價泡沫化。「經濟泡沫」一語即源於南海泡沫事件。

以韓國為例，韓國的資本市場經過一九九七年亞洲金融危機以後直到現在，股票投資資金中外資仍佔比百分之四十六。而韓國所謂證券借貸和對沖交易也有百分之九十五是外資，所以韓國市場不是韓國本地市場而是外國的市場。我們會發現，在開放的過程中先是籌碼的變化，然後是模式的轉換，繼而帶來資本市場的變化，最後出現所謂中等收入陷阱。

在我看來，所謂中等收入陷阱不是人口的問題。新興市場國家在向成熟市場轉變的過程中，因為沒有處理好整個金融國際化和資產國際化問題，會產生金融危機。而在危機過程當中財富發生轉移，由此形成市場經濟蕭條、一蹶不振的狀態，這才是中等收入陷阱。據亞洲開發銀行的統計，在東亞金融危機之前幾年，亞洲「四小龍」的人均GDP相當於美國的百分之二十五左右，最鼎盛的時期甚至接近美國的國民收入水準，人均GDP達到美國的百分之七十，但是經過一九九七年東亞金融危機以後又回到百分之二十至百分之三十。

資產價格博弈戰

所以，對於資本市場的開放，我們一定要關心本國資本市場的資產價格和國際資產價格是不是處在一個對接的水準，本國資產價格相應的玩家是不是和國際玩家在同一水準。在我看來，中國是唯一一個有能力和西方資本玩家進行博弈的新興市場。首先，中國本身市場足夠大，同時中國的經濟體量足夠大，而且中國有可能實行一種不同於西方的金融管制模式和開放模式而與之進行對接。但是，這只是一種可能，能不能做到，要看中國資本市場的頂層設計和路徑選擇。

我一直倡導價值投資，但在目前中國的股票市場上，投資者並沒有價值投資的理念，他們不投真正有成長性的銀行股票，不投基金管理公司，中國老百姓只炒小股票。所以在這一塊，中國的資產價值沒有達到它應該有的程度。

中國未來唯一的路，就只有通過提高老百姓的收入，提高消費品的價格，跟國際接軌。簡單來說，一瓶礦泉水在歐洲要一點五歐元，在中國則只要一點五人民幣。在歐洲買一瓶水，在中國能買十瓶水，這就是相對價格差異。為了防止資產價值泡沫，防止整個改革紅利，防止泡沫經濟增長導致的紅利流失，相對價格的對接過程一定會出現，這個過程牽扯各個方面，其中資本市場的頂層設計是最主要的。

金融創新不能脫離根本

任何金融創新都必須以傳統業務為根，然後在這個基礎上不斷發展。目前關於互聯網金融有很多荒謬的觀點，不少人認為互聯網金融就是金融創新的典範。其實，互聯網是為金融服務的，無非是增加了一個金融交易的便捷工具、手段，絕對不會因為互聯網產生一個新的金融概念。

銀行、證券、保險三者都是有區別的，銀行是什麼？銀行就是賺取儲蓄和貸款利差，這就是它的本質。投資銀行、證券是幹什麼的？是賣市盈率的，是賣企業的未來利潤的。保險呢？保險要精算，它永遠脫離不了風險損失率。美國互聯網不發達嗎？美國其他大銀行也進行網上交易，銀行也可以進行網上綜合服務，所以互聯網絕不是一個新的金融概念。中國金融創新一定不能脫離根本的東西，這是我關於頂層設計的觀點。

再說中國的PE（私募股權投資），如果做PE1.0版一定會死。什麼道理？中國1.0版的PE是幹什麼的？之前資本市場基礎性的改革沒改，IPO享受制度紅利，PE就是通過持有賣出上市公司股份賺取巨大的溢價。但這樣的溢價已經被第一代人掙走了，炒一級市場、炒一級半市場、炒法人股減值市場的時代已經過去了。未來想做真正的PE，必須從娃娃抓起，一個投資項目你可能要花五年、七年、八年甚至十年，把它培育成真正好的商業模式，否則這種私募是做不下去的。現在四千多家私募公司，如果僅僅是盯住上市圈錢，一定是會死掉的。

另外，在新《基金法》頒布以後，中國的財富管理會遭遇根本性的變革衝擊，為什麼呢？按照新《基金法》，只要基金總量超過一億元，規模在十個人以上，到基金業協會註冊以後，就具備了類似公募基金的管理模式，管理資產達到更大規模後還可以得到公募資格。現在的公募基金一年內換手率會達到百分之五百至百分之六百，相比美國城市市場基金百分之二十三的換手率，我們的基金根本不是長期投資。我相信證監會對私募基金放開之後，整個中國財富管理行業會有很大的改變。

而信託這種業態模式可以長期存在，現在的信託，百分之七十以上是銀行貸款的轉化形式，這部份信託是不賺錢的，真正自主性的信託會尋找好的產品。按照我的估計，二〇一三年八點七兆元信託資產中，只有一兩兆元資產是真正屬於自主性的信託理財產品。隨著利率市場化過程中產生的金融創新，自主性的信託產品也會逐步回歸。

CHAPTER 7

企業債致中國金融體系風險高企

朱海斌

摩根大通中國首席經濟學家、大中華區經濟研究主管

引言

二〇一三年開始，新一屆政府上台後的一個重要指導思想就是通過釋放改革的紅利、政府簡政放權轉變職能形成中國經濟的升級版。這意味著，和前三十年的改革開放相比，中國下一步應該是在高層次的發展上出現一個新的突破口或者新的變化。中國證監會的宗旨是「兩維護」：維護資本市場的公正公開公平，維護中小投資者的利益，促進資本市場的健康發展。很顯然這個定位也指導著當前資本市場的走向，這些都說明中國資本市場要思考頂層設計的問題。

海外市場對中國金融體系的擔憂每天都在起起伏伏，但是從趨勢看，中國的金融風險在日益加劇，市場對於金融風險的擔憂可以從銀行股的市淨率（P/B）低於一發現端倪。

國際通用的兩個金融風險指標

要瞭解風險有多大，先得確定衡量風險的指標。海外衡量中國金融體系風險常用的指標有兩個，第一個是國際貨幣基金組織（IMF）用的信貸與GDP的比率指標。

從**圖一**中我們可以看到，二〇〇八年以後，中國整個廣義的信貸增長幅度非常快，從二〇〇八年時的百分之一百三十上升到二〇一四年已經超過百分之二百。按照國際貨幣基金組織給出的風險基準，如果一個國家的信貸跟GDP的比率每年增長超出五個百分點，那麼這個國家在未來兩三年之內發生金融危機的概率非常大。在市場上也有其他的基準，比如5/30法則，就是指信貸與

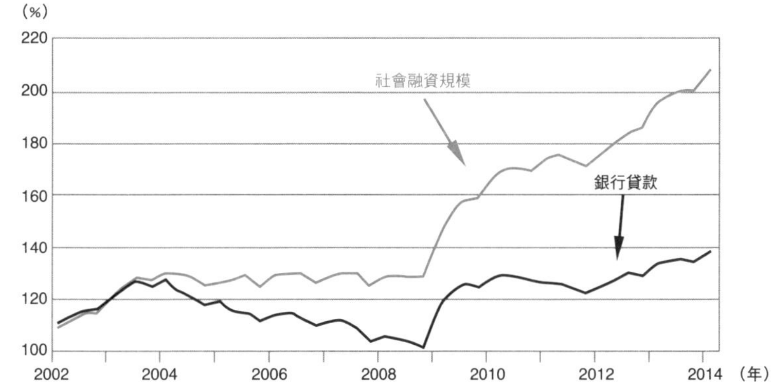

圖一：中國信貸的增長

資料來源：摩根大通

GDP的比率在五年內增長三十個百分點，那麼發生銀行危機的可能性就比較大。

所以，如果按照這些指標，中國信貸與GDP的比率從二〇〇八年到二〇一四年六年間增長了八十個百分點，毫無疑問遠遠超出了全球對金融風險的宏觀預警指標。

第二個指標是國際清算銀行（BIS）提出來的信貸與GDP的缺口指標（gap measure）。

我是二〇〇一年加入BIS的，早在二〇〇二至二〇〇三年時，BIS內部就開始採用這個指標了。當二〇〇三年很多人在慶祝美國聯準會貨幣政策運用得當時，BIS的經濟顧問兼貨幣與經濟局主管威廉・懷特卻提出一個不同的意見，認為美國宏觀的貨幣政策太寬鬆，金融體系的失衡現象非常嚴重，美國聯邦儲備銀行（Federal Reserve Bank）應該盡快考慮退出寬鬆的貨幣政策，儘管當時他的意見沒有被採納，卻成為當時少數幾個比較正確的預言者之一。

BIS的缺口指標方法與IMF的比率指標差不多，但稍微做了調整，所謂的缺口就是信貸與GDP比與其長期回溯趨勢的偏離度。做出這個調整的主要理由在於，發達國家的金融體系相對比較穩定，它的信貸跟GDP的比值不會變動太大，所以用IMF指標的問題不大；但在新興國家，金融深化的過程會導致信貸跟GDP的比值自然上升，這時如果套用百分之五或5/30法則，就很容易出現金融風險預測的誤差。

按照BIS的缺口指標，如果一個國家的缺口指標超出十個百分點，那麼在未來兩三年這個國家發生金融風險的可能性會大大增加。在全球二十世紀七〇年代以來金融體系風險和信貸方面的數據基礎上，BIS驗證了這一指標的有效性，結果發現：如果使用百分之十作為信貸與GDP比缺口指標的預警線，能夠成功預測約三分之二的二十世紀七〇年代以來的銀行業危機。同時，根據該指標，預測的一類錯誤（沒有發佈預警但發生危機）機率為百分之三十三，二類錯誤（發佈了預警但沒有發生危機）機率僅為百分之十一。

全球金融危機之後，國際清算銀行是少數幾個成功預測了金融風險的機構，所以在二〇〇八年後，鑒於其較高的預測成功率，《巴塞爾協議III》⑱中將信貸與GDP比缺口指標納入了其監管體系。《巴塞爾協議III》的一個核心觀念就是宏觀審慎監管，主要體現在兩點：

第一，對系統重要性金融機構，它們的資本監管要求更高。

第二，資本監管要求要根據金融週期、實體經濟週期進行相應調整。為此，《巴塞爾協議III》提出了逆週期的資本比例要求，也就是在經濟上行過程中，提高對金融機構的資本比例監管要求，要有更多的資本作為緩衝，一旦經濟下行，這些資本可以用來提供更多的支持給銀行。對比《巴塞爾協議II》，它設定了固定百分之八的資本充足比例。問題在於經濟下行時，銀行的資本壓力更大，這個時候它沒有更多的能力在金融市場上融資。現在《巴塞爾協議III》的逆週期資本監管安排，就能盡量緩衝經濟週期對金融體系的影響。這裡面逆週期的資本要求，是通過哪個指標來確定金融週期？正是我

⑱《巴塞爾協議》是國際清算銀行（BIS）的巴塞爾銀行業條例和監督委員會的常設委員會——「巴塞爾委員會」於一九八八年七月在瑞士的巴塞爾通過的「關於統一國際銀行的資本計算和資本標準的協議」的簡稱。該協議第一次建立了一套完整的國際通用的、以加權方式衡量表內與表外風險的資本充足率標準，有效地扼制了與債務危機有關的國際風險。是全球銀行業最具有影響力的監管標準之一。《巴塞爾協議III》是此協議的第三版，於二〇一〇年九月制定，目的是為促進金融市場穩健發展，及確保金融機構更具因應經濟衝擊之彈性，以支應經濟發展。主要條款有五項：（一）提高資本充足率。（二）嚴格資本扣除限制。（三）擴大風險資產覆蓋範圍。（四）引入槓桿率。（五）加強流動性管理，引入了流動性監管指標。

們提到的百分之十的信貸跟GDP的缺口指標。

中國金融風險已突破警戒線

按照這個指標，中國的金融業已經進入高風險區。基於廣義的信貸概念，中國社會債務水準在二〇〇七年底至二〇一三年底期間從百分之一百四十五躍升至二百分之十。從**圖二**中也可以看到，中國信貸與GDP比缺口指標闕值顯著高於十個百分點，在二〇一〇年第二季度達到二十個百分點。二〇一一年缺口指標下降，但二〇一二年再次反彈。最新數據顯示二〇一四年三季度的缺口指標為十八點四個百分點，已經接近或者達到了傳統研究裡面的警戒線水準。

所以，從外面看中國，會覺得中國金融體系該垮了，更雪上加霜的是，我們在整個信貸快速上升過程中也出現資產的價格泡沫。從**圖三**可見，以全國的平均房價來看，二〇〇九至二〇一〇年房價同比增速超過百分之三十，二

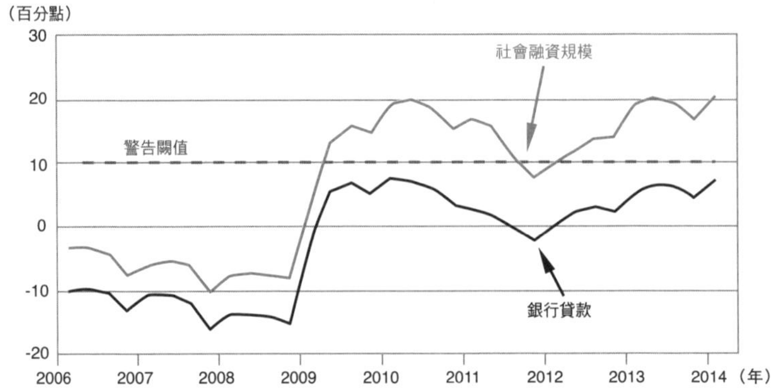

圖二：中國的信貸/GDP缺口指標

資料來源：摩根大通

圖三：中國住宅平均價格

資料來源：摩根大通、國家發改委、搜房網

〇一一至二〇一二年有一個小的調整，二〇一三年之後又開始新一輪房價上升，到了二〇一四年，房地產市場下行調整。所以，二〇〇九年以來，中國房價大部份時間上升很快，尤其是在北京、上海等一線城市，房價收入比或者房價租金比例顯示出了很明顯的泡沫。信貸的失衡加上樓市的泡沫風險，從全球大範圍的觀察來看，應該是引起我們警惕的風險。

企業債是最大的金融風險

我們在二〇一三年就曾提出，房地產、影子銀行以及地方政府債務問題是當時市場最關注的幾個風險點。但目前，中國金融體系最大的風險點不在於房地產，不在於地方政府的債務，也不在於影子銀行，而在於企業債務規模上升太快，而且企業的債務水準也非常高。

最近一兩年，包括社科院和各大投行在內的很多機構都做了這方面的計算，結果和我們的計算結果差不多。按照我們的計算，從圖四中可見，中國整個社會的債務水準在二〇〇七至二〇〇八年大概是百分之一百四十五的水準，到了二〇一三年年底上升到了二百分之十左右，這個數據跟我們提到的信貸相關數據基本匹配。因為信貸跟債務是兩面，整體的數據和趨勢都差不多。

再看具體分類，我們把整個社會債務分成家庭部門、企業部門和政府部門三類。從**圖四**上可以看出一個非常明確的資訊：中國債務最大的一塊在於企業部門，企業部門的債務在二〇一三年底達到GDP的百分之一百三十。我們再看地方政府債務，包括中央政府債務在內，整個政府的債務水準從二〇〇七至二〇一三年，增長了接近十五個百分點，在一個比較可控的範圍。家庭部門的資產負債表則非常健康，整個債務佔GDP的比重在百分之十二至百分之二十五，是全球較低的水準。

而從全球的角度來比較，中國的企業債務水準遠遠超出其他國家。**圖五**是IMF二〇一四年四月份的報告，可以看到在發展中國家的企業債務水準中，中國企業債務佔GDP的比重不到百分之一百一十，比我們的計算結果

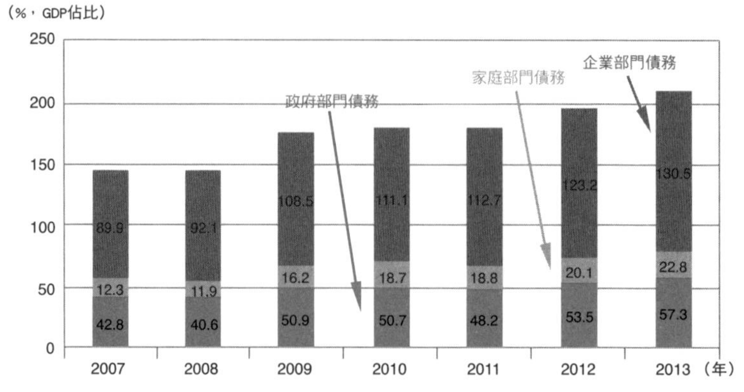

圖四：中國社會債務水準二〇〇七至二〇一三年

資料來源：摩根大通

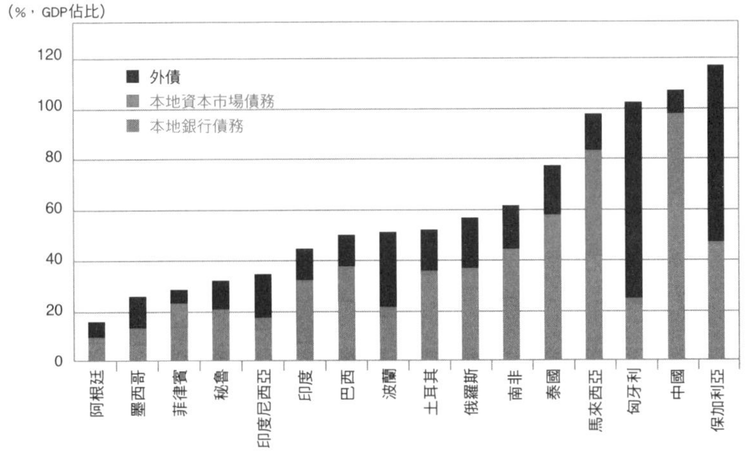

圖五：二〇一四年四月IMF全球金融穩定報告：二〇一三年中國企業債務水準居全球前列

資料來源：IMF

低一點，已經位居全球第二了。

從全球來看，包括IMF、BIS在內的機構出具的全球金融穩定報告中，都提出新興市場二〇一四年最大的風險點在於企業的債務，儘管其他很多國家的企業負債絕對水準跟中國比有一段距離，但是在過去四五年之內，它們的增幅都比較快。

這是一個大的環境，我們的核心觀點就是中國的企業債務金融風險是最大的一個系統性風險，其他則是次要問題。關於企業債務，以下我會從企業債涉及的行業、公司以及和其他金融風險的聯繫幾方面來說明。

房地產債務風險

首先我們認為，企業債務不僅僅涉及房地產行業，也涉及產能過剩行業。

這涉及到目前的一些討論，房地產市場是不是中國最大的風險？我個人覺得，其實房地產市場在未來幾年對金融體系造成的直接衝擊相對比較小，或者仍然屬於可控範圍之內。其實我們關注的企業債務風險，並不只侷限於現在的房地產市場調整，更多涉及傳統的產業部門，尤其是製造業中產能過剩的部門。根據最近幾年企業部門的數據，它們與房地產行業一樣，同樣存在著企業利潤率下滑、產能過剩等問題。從目前房地產市場調整對整個金融體系造成的衝擊來看，我們認為，短期的風險並不大。

雖然二〇一四年的房地產市場有一個比較大的調整，而且這一輪調整至少需要一兩年的時間，整個行業供過於求是全國性的現象，從這個方面來看，調整的壓力比以往任何時候都大。現在房地產市場調整最大的一個風險在於宏觀的風險，而不在於金融風險。

宏觀的風險，是指我們更加擔心由於房地產市場調整對房地產投資帶來的下滑風險，房地產投資在中國經濟增長裡是主要的驅動器之一，房地產投資佔整個固定資產侷限投資的四分之一，房地產部門對整個GDP的貢獻率，包括鋼鐵水泥等相關產業鏈對GDP的貢獻佔到百分之二十，但現在房地產投資已經從之前的百分之二十下滑到現在的百分之十二至百分之十三，對經濟增長的影響大概在百分之一。我們預計二〇一五年房地產投資的增速仍然會進一步地持續下滑，可能會到百分之五至百分之六之間，二〇一五年的房地產仍對經濟運行造成很大的下行壓力，這是我們目前關注的焦點。

反過來看另一方面，房地產部門的金融風險到底有多大？我們認為房價大幅度下跌，也就是房價崩盤的可能性很小。二〇一四年年初我們的一個主要判斷，是依據當年全國的平均房價，可能到二〇一四年年底同比增速下滑百分之二。實際上，二〇一四年九月底的數據跟我們的判斷比較一致，到二

○一四年年底可能同比下降二至三個百分點。從供需面的數據看，我們判斷高點出現在二○一四年四月份左右，全國平均房價出現了百分之五至百分之十的調整。

這是因為房地產供大於求，供給出現了一個拐點，但需求上這個拐點並沒有出現。我們看城鎮化的進程以及收入的增長，在未來三到五年之內，中國的供給可以維持在相當穩定的水準。所以在供應端出現調整之後，經過一兩年，我們的市場可以在新的均衡水準上實現比較穩定的增長，房地產行業會成為正常行業，但不會出現崩盤的局面。

至於另外的原因，我們看金融體系風險，也要看中國金融業對房地產的風險敞口有多大，從這個角度看，風險敞口並不太大，而且從結構構成來說是比較有利的。銀行體系對房地產的貸款有兩類，一類是房貸，佔到中國銀行體系貸款總額的百分之十二至百分之十三，房貸家庭部門資產負債表非常健康，央行的房貸政策一向嚴格，包括對貸款比例有很嚴格的限制，所以即使房價調整幅度超過我們的預期，房貸的資產品質也不會出現大的問題。第二類是對開發商貸款，但是其只佔百分之六至百分之七。過去幾年裡，開發商在銀行的貸款是小頭，它們的貸款更多源於影子銀行體系，根據我們的推算，目前開發商從影子銀行融資的存量規模是四兆元至五兆元，兩者加起來的話，開發商貸款佔到銀行貸款總量的百分之十一左右。

所以，房貸和開發商貸款加起來，佔銀行貸款的比重在百分之二十五左右，跟其他很多國家是相當的。那些國家中，開發商的貸款比率要更高，這方面中國和其他國家相比會有一些優勢，因為中國的開發商可以通過預售取得資金來進行它下一期的樓盤開發。

從風險分佈來看，目前大的格局是：如果開發商違約率上升，損失由銀行體系、影子銀行和家庭部門三方共同承擔。我們拿上一輪房地產衰退的數據來推算現在房地產潛在的貸款損失：二〇〇四至二〇〇五年間開發商貸款最差的不良率在百分之十左右，取一個相對比較保守的數據百分之十，每筆不良貸款損失率百分之七十，那麼我們可以很直接推算出房地產崩潰對銀行體系造成的損失為銀行貸款的百分之零點七至百分之零點八，而銀行的撥備率為百分之二點八。所以從這個角度看，房地產近幾年對金融體系直接的衝擊並不大，我們更應該關注宏觀經濟風險。宏觀經濟風險一旦增速下滑過快，所導致的風險不僅僅是房地產開發商的貸款風險，更多的是整個企業部門的風險。換句話說，在企業債務問題上，我們並不需要那麼擔心房地產，而是要考慮其他行業。

國企債務風險和影子銀行

我們經常聽到的一個觀點是，目前國企債務風險是企業債務裡面的核心。這個方面我們有不同意見，我們認為目前出現企業債務風險的不僅僅包括國企，也包括很多民營企業。像房地產行業，像鋼鐵、太陽能、煤炭等產能過剩部門，相對債務壓力比較大，雖然主要是一些國企，但也有很多民營企業。未來幾年如果房地產開發商出現倒閉，民營中小型房產開發商的風險更大。

而且，在某種程度上，國企的負債率是被高估的。因為影子銀行的快速發展，很多能低成本拿到銀行貸款的大中型國企會通過影子銀行再放貸，進行資金套利。這種行為會導致社會融資裡一筆借貸的重複計算，人為增加國企的債務比例，這中間會有一些誤差。

如果我們關心企業債務，通過細分會發現其中有很大一部份是跟影子銀行緊密聯繫在一起的。**圖六**描述了銀行同業資產同比增速，其中實線是銀行貸款的增速，虛線是同業資產的增速，陰影是同業資產佔整個銀行資產的比率：從二〇〇七年左右的百分之十二至百分之十三開始，到二〇一四年為止增長了十個百分點，遠高於貸款的增速。涉及到企業、製造業、房地產行業，包括地方政府融資平台在內的借貸行為，這部份的資產品質相對更低。我們關心企業的債務，就繞不開影子銀行的問題。

企業去槓桿是個大手術

如果說企業債務是目前中國金融體系的一個核心問題，那麼我們有沒有可能在未來幾年馬上去槓桿[19]呢？二

[18] 所謂槓桿，從狹義上講，是指資產與股東權益之比；從廣義講，則是指通過負債實現以較小的資本金控制較大的資產規模，從而擴大盈利能力或購買力。所謂「去槓桿化」（deleveraging），是指公司或者個人減少使用金融槓桿，把原來通過各種方式「借」到的錢退還出去。

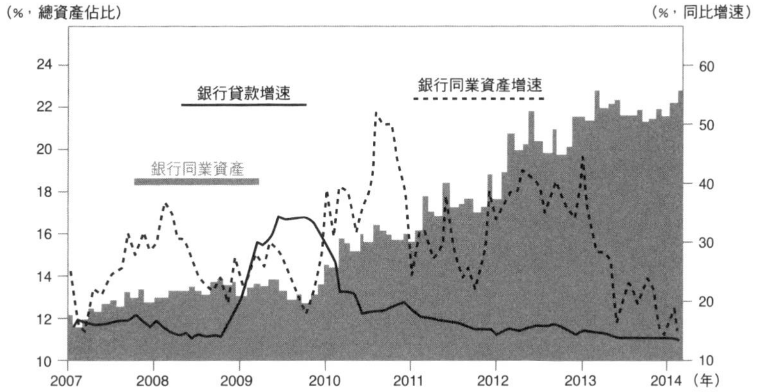

圖六：銀行同業資產同比增速

資料來源：摩根大通

〇一三年，市場上當時有關於「李克強經濟學」的討論，一個主要話題就是要去槓桿。從短期看，中國不僅沒有去槓桿，而且加槓桿的速度還是很快，雖然速度已放緩。

但是，目前企業去槓桿難度非常大，不是說政府不想去做，而是目前我們也做不到。為什麼現在去槓桿這麼難？有幾個主要的理由，弄清這些有助於我們下一步給出相應政策建議。

中國經濟增長的下滑態勢

整體來看，二〇〇七年以後，中國的實際經濟增長率一直處在明顯的下滑通道，二〇〇七年是百分之十二，期間最高值超過百分之十四，而到二〇一四年前三季度的GDP增長率僅為百分之七點四。

從**圖七**中可見，過去二十年來，中國的潛在經濟增長率不是第一次出現下降，二十世紀九〇年代就曾經出現經濟降速，但二〇〇〇年之後有了很大的反彈，二

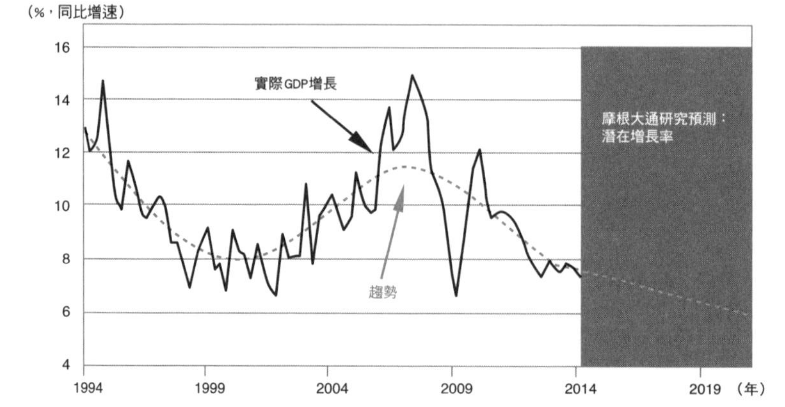

圖七：二〇〇七年以來中國潛在經濟增長率持續下滑

資料來源：摩根大通

〇〇〇至二〇〇七年，經濟增速返回到兩位數。對於中國經濟增長前景，經濟學家們的判斷不一，以林毅夫為代表的樂觀派認為在未來五到十年、甚至二十年仍然有潛力保持百分之八的經濟增速，但更多的主流經濟學家認為中國的潛在經濟增長率會小幅下滑，稍微謹慎點的判斷就是百分之六，一般性的認為是百分之七。對此，我們認為在未來的五年裡，中國的經濟平均增長率可能在百分之六點五左右。圖裡畫得比較簡單，實際上，我們可能會看到短期經濟下滑更加快，通過改革，潛在增長率可能會回到百分之六至百分之七。

從整個金融體系角度來看，經濟增長率下降對企業和政府而言，最重要的是影響了它們的盈利能力。從**圖八、九**來看，**GDP**跟政府財政和企業盈利之間有非常密切的同步關係。如果在未來幾年，潛在經濟增長率有更大幅度的下滑，那麼中國企業的盈利不會出現明顯的反彈，可能會處於低迷的狀態。

另外，中國的**PPI**（工業生產者出廠價格指數，

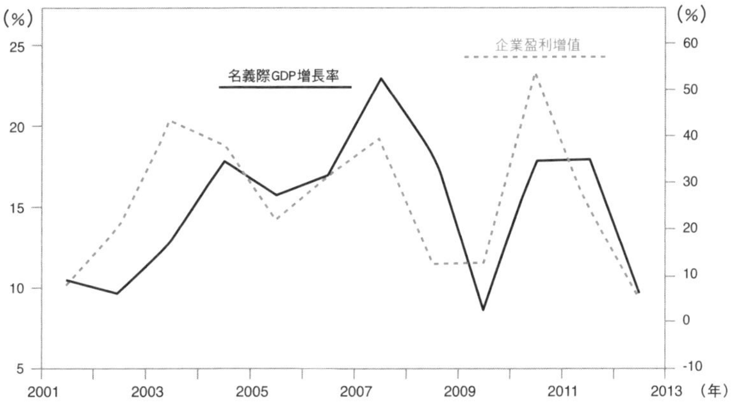

圖八：中國GDP增長率與企業盈利關係

資料來源：摩根大通

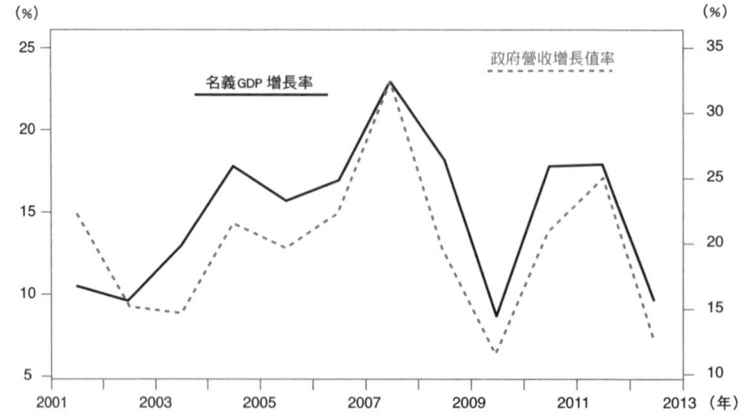

圖九：中國GDP增值率與政府營收關係

資料來源：摩根大通

Producer Price Index）長期處於負值，按照PPI來調整一年期實際的貸款利率水準，從**圖十**可見，這個數值保持在百分之七至百分之八有兩年多。另外可以看到實際貸款利率除了在二〇〇九年曾經短暫地高企之外，近幾年實際利率水準遠遠高於歷史平均水準（從**圖十**可見，約百分之五），這就是為什麼普通企業抱怨融資成本太高，去槓桿很難。

中國投資效率的下滑

二〇〇八年之後，我們看到一個比較明顯的現象，那就是投資增速很快，投資對經濟的增長貢獻率非常高，但是投資的效率下滑卻非常明顯。

如何衡量投資效率？第一個指標是每單位GDP增長需要多少單位的資本或信貸投資。這個比率越高，說明投資的效率越低，觀察**圖十一**的黑線，我們可以看到二〇〇七年一個單位的GDP增長需要三個單位的資產投資，到二〇一三年，這個比率超過百分之六。

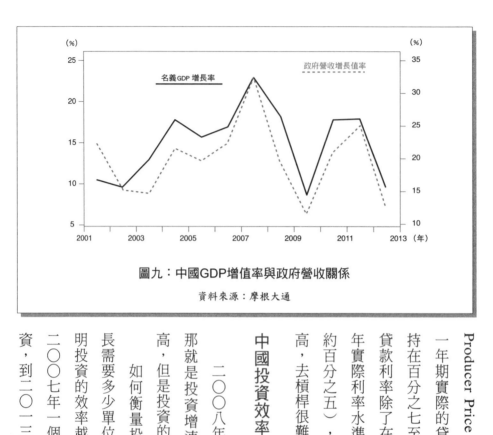

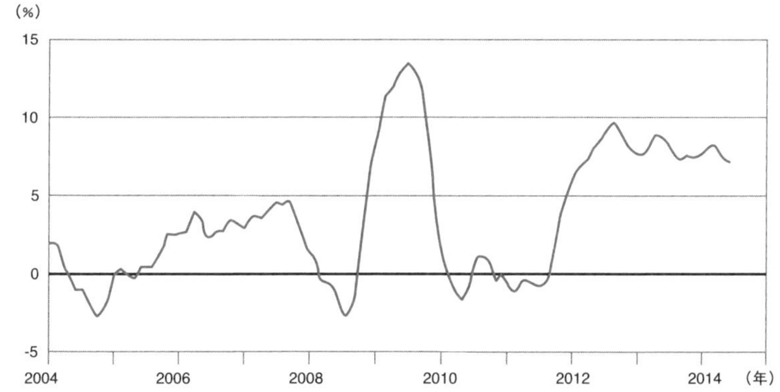

圖十：中國一年期實際貸款利率

資料來源：摩根大通

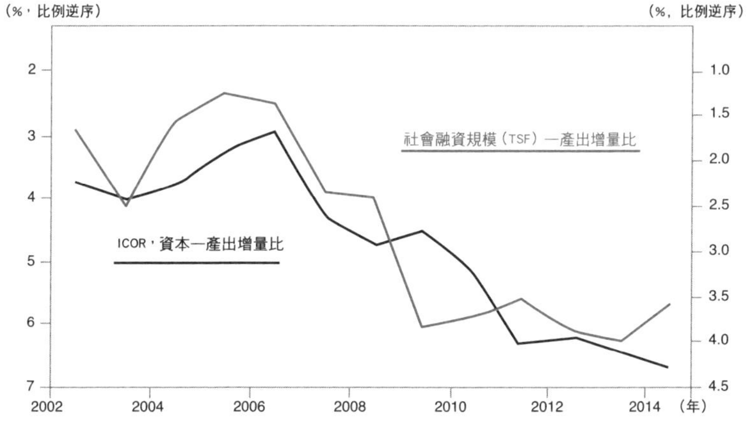

圖十一：中國投資與信貸效率

資料來源：摩根大通

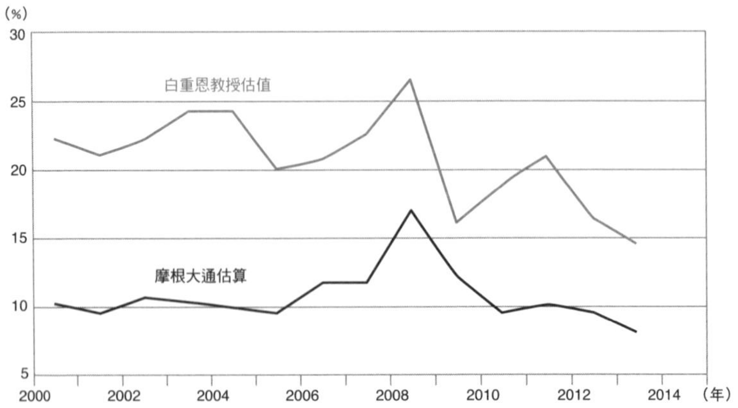

圖十二：中國投資回報率不斷下滑

資料來源：摩根大通、清華大學白重恩教授二〇一四年數據

第二個指標是投資回報率。根據清華大學白重恩教授的估算，二〇〇〇至二〇〇八年，中國平均的名義資本投資回報率在百分之二十至百分之二十五，這個數字在過去幾年下滑得非常快，到目前是百分之十三左右。我們根據他的方法也做了類似的推算，雖然數字不太一樣，但趨勢非常接近，投資回報率在過去四五年間有非常明顯的下滑。

第三個指標是潛在經濟增長率。我們可以把經濟增長細分為三個主要的因素：一個是資本的投入，一個是勞動力投入，還有一個是全要素生產率TFP（Total Factor Productivity）。二〇〇八年之後，中國的潛在增長率非常明顯地在下滑，到底下滑來自哪裡？

通常很多討論裡非常強調中國人口紅利未來可能會進入人口赤字，所以勞動年齡人口的下降導致了潛在經濟增長率的下滑，但在**圖十三**中，我們可以看到勞動力對整個GDP的貢獻基本上是比較持平的。資本投資的貢獻率在過去幾年也是上升的，尤其是四兆元投資拉動

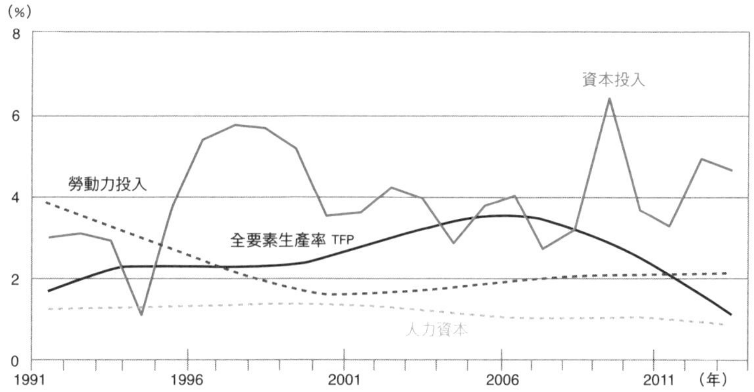

圖十三：中國經濟增長要素

資料來源：摩根大通、清華大學白重恩教授

政策出台後，短期對GDP的貢獻率非常強，即便到二〇一二年之後，整體來看，資本投資對GDP的貢獻還是高於二〇〇〇至二〇〇七年的平均水準。我們看TFP這塊，出現了最明顯的下滑，高點為二〇〇六至二〇〇七年的百分之三至百分之三點五，現在下降了二個多百分點。

這跟我們剛才做的一些分析之結論是相同的：過去幾年，企業投資效率在下滑，企業實際的成本在上升，企業要去槓桿，但是目前來看，企業去槓桿非常難。

另外再補充一下，企業債務風險一旦上升的話，可能會來自哪些部門？房地產可能是一個領域，但不是最核心的，回顧上一輪發生在二十世紀九〇年代末的不良資產危機，當時很大的一個風險來自於零售業、製造業。從目前情況看（如圖十四），如果出現銀行貸款、企業部門資產品質下滑，很可能會重複上一次的情況，我們需要關注的不僅僅是房地產行業，也需要關注傳統的製造業、傳統的零售業。

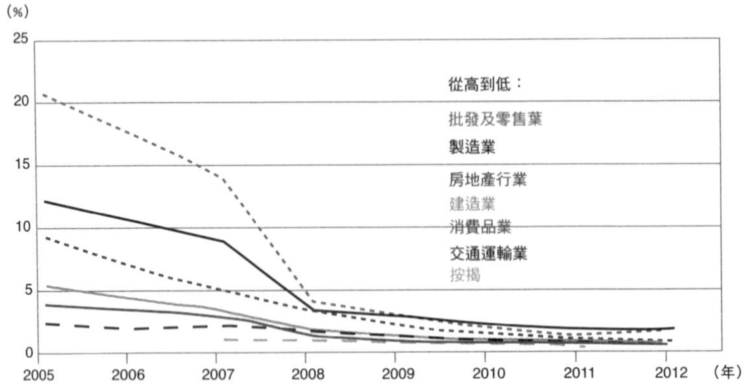

圖十四：中國不良資產危機的來源

資料來源：摩根大通

整體金融體系依然穩定

儘管整體看比較悲觀，但到目前為止，中國金融體系的穩定性應該是遠遠超出海外投資者的預期。所以，我們換一個思維，分析一下為什麼中國到目前為止還沒有發生危機，這可能比較有參照意義。

為什麼說風險仍然可控

這裡我列了幾個中國金融體系整體風險仍可控的原因，這也是大家比較認可的幾個原因：

第一，整體債務水準離危機點尚有距離，家庭部門資產負債表健康，政府債務可控。從目前整個債務水準來看，包括企業、政府和家庭部門的整個債務佔GDP的百分之二百至百分之二百五十，跟其他一些國家對比，尤其跟發達國家對比的話，中國的總債務水準並沒有到觸發危機點的水準。從不同部門細分來看，目前主要的風險在於企業部門，政府的債務相對來說仍然可控，家庭部門資產負債表非常健康。

第二，債務主要是內債，中國國內高儲蓄率支撐高投資與高負債。從債務結構來看，中國目前的債務主要是內債，外債現在佔GDP的百分之十左右，這在整個新興市場國家裡面是最低的。其他很多新興市場國家，雖然整個債務水準比較低，但是因為外債的絕對水準更高，更容易遭受國際游資的衝擊，或者受整個全球金融市場動盪的影響。

與目前中國國內高負債相對應的，是中國國內非常高的儲蓄率。中國現在國內儲蓄佔GDP的百分之五十略高一點，這麼高的儲蓄率比較強地支撐了國內的高負債和高投資。同樣的例子我們也可以在二十世紀八〇年代的日本得到驗證，高儲蓄率的國家通常投資水準要超出其他國家。

第三，中國目前有著非常高額的外匯儲備。

儘管二〇一四年第三季度稍微有所下降，但其時的外匯儲備仍然接近於四兆元。

第四，就資本項目來說，中國目前的資本項目開放離終點有很大的一段距離。

第五，經濟增長有望維持中高增速。

中國目前百分之七至百分之七點五的增速，仍然是全球經濟體中最高的，在過去幾年，中國對全球經濟增長率的貢獻在百分之三十至百分之四十。

防患於未然

在這樣的情況下，未來兩三年內爆發經濟危機的可能性非常小，但短期的風險小並不是說沒有

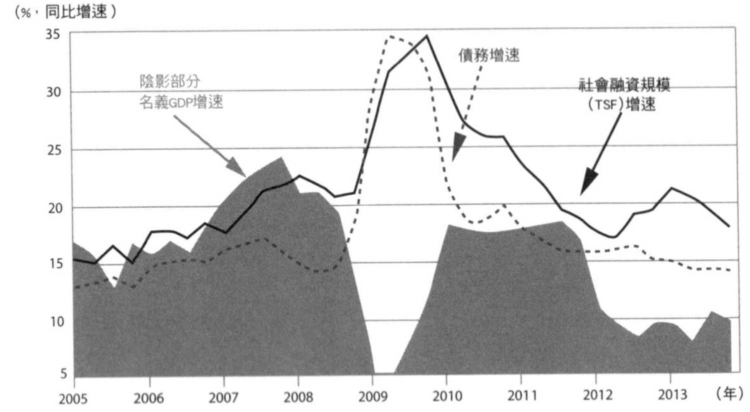

圖十五：中國融資規模總額及名義GDP的增速

資料來源：摩根大通

風險。

第一，中國目前的加槓桿仍然在持續。

從**圖十五**中，我們可以直接比較社會融資規模總額跟名義GDP的增速，可以看到信貸增速遠遠高出名義GDP的增速，加槓桿仍然在持續。中國金融體系可能會在某個時間節點出現風險惡化，我個人認為二〇一八至二〇一九年更可能形成一個坎兒，如果總槓桿（整體債務／GDP）一直上升到百分之三百，那麼離臨界點就不遠了。

第二，經濟增速是否能保持在中高速？

如果經濟增速在百分之六至百分之八，那麼問題不大，如果突然出現明顯的經濟增速下滑失控情況的話，金融風險便會加大。

第三，資本項目開放的速度。在資本項目開放的速度上，最近有一些討論。我個人支持在資本開放程度上要謹慎一些，尤其是首先要解決好中國金融體系風險問題，如果貿然在資本項目開放上走得過快，走得過於極端，很可能會對金融風險造成負面的影響。

尤其考慮到全球主要經濟體在過去幾年都實施了非常寬鬆的貨幣政策，在二〇〇八年之後基本上就是一輪接一輪的QE（Quantitative Easing，量化寬鬆），而目前發達國家之間的貨幣寬鬆度出現分化：美國二〇一四年開始退出QE，而目前歐元區和日本的QE遠遠沒有結束，歐央行可能會進一步加大QE的力度，日本央行很可能會再進一步加大QE的力度，這是目前短期內我們看到的情況。

二〇一七至二〇一八年，這個情況可能會出現比較根本性的一個變化：如果美國從二〇一五年年中開始加息，可能到二〇一七年、二〇一八年左右，美國就完成了加息的過程，回到百分之三至百分之四的利率水準。歐元區跟日本在未來幾年，可能還是以寬鬆為主，但是我們估計到二〇一七年或二〇一八年之後，歐元區和日本也會開始考慮退出QE。

所以，全球金融市場的整個流動情況到二〇一八年、二〇一九年會更加正常化，甚至出現偏緊的情況。在那種情況下，如果中國資本項目開放的話，很可能出現資本的流出問題，這是我們要關注的風險。

第四，人口老齡化導致儲蓄率的下降。目前維持中國整個債務，或者金融體系穩定的一個很重要的原因是中國非常高的儲蓄率，我們要關注儲蓄率是不是一直能維持在這麼高的水準上。我們看整個宏觀經濟的話，社會人口結構有一個非常明顯的變化：過去幾年人口老齡化的速度非常快，人口老齡化按我們二〇一四年的統計，大概是六十五歲以上的人口佔目前總人口的百分之十。

通常伴隨人口老齡化，儲蓄率也會出現下滑。例如日本在二十世紀九〇年代出現的金融危機和儲蓄率就有一定的關係。日本在二十世紀九〇年代人口老齡化過程中，國民儲蓄率在不到十年時間內下降了十個百分點。中國一旦出現類似的儲蓄率大幅度下滑的局面，對我們的金融體系是非常不利的。

務實的企業債治療方案

去槓桿化，同時避免金融風險的迅速惡化，是擺在政府面前的兩難問題。從以往各個國家的經驗來看，通常主要從以下三個方面入手解決去槓桿化問題：一是降低當期負債水準；二是提高企業盈利能力；三是降低實際利率水準。

從企業債務水準來看，目前企業的債務佔GDP的比重為百分之一百三十。直接讓企業降低當期負債水準，企業的壓力太大，企業可以考慮債務轉換。在進行企業債務轉換的時候，需要釐清民企、國企和政府之間的債務關係，該由政府承擔的由政府承擔。債券和股權的轉換是一個值得考慮的方向。

提高企業的盈利水準，保持較高的經濟增速是關鍵。因為經濟增速下滑太大，金融體系風險就會爆發。從政策上來看，中國在未來幾年仍然要致力於維持比較合理的經濟增速，百分之六至百分之八是市場能夠接受的空間。提高企業盈利水準還需要從兩個方面入手。一是降低企業的稅費負擔。表面上，中國企業的稅收水準與其他發達國家差不多，但是，大部份的中國企業需要承擔更多的隱性負擔，因此，實際上中國企業的實際稅費負擔要遠遠超過大部份的發展中國家。二是在經濟結構轉型中注重製造業的產業升級。很多人認為，服務業在迅速發展，而製造業已經是一個夕陽產業。我個人認為，這個觀點需要斟酌。服務業分為生活性服務業和生產性服務業，中低端服務業（主要是生活性服務業）的勞動生產率要低於製造業。經濟體中，服務業的比重上升，通常意味著勞動生產率是下降的，在勞動生產率下降情況下，企業去槓桿難度加大。從國際經驗看，日本、韓國能邁出中等國家收入陷阱，關鍵是製造業的產業升級，而不是服務業的擴張。

降低實際利率水準，需要政府打破剛性兌付。剛性兌付推高了我們市場無風險的利率水準，所以，應該盡快地以政府為主導，進行有控地打破剛性兌付的試驗。與此同時，我個人認為央行可以適當提高通膨容忍的區間。**PPI**（生產者物價指數，**Producer Price Index**）曾連續三十多個月一直處於通縮區間，推高了實際利率水準。**PPI**通縮對企業去槓桿是非常不利的。央行目前強調通膨百分之三點五上限的管理，這方面可以適當做一些調整，比如說百分之三至百分之五可能是一個可以接受的區間。從當前的全球大宗商品價格走勢來看，特別是油價在過去三四個月跌了百分之二十五，為中國加快資源性產品價格改革創造了很好的國際環境，有利於**PPI**更快走出負區間。

CHAPTER 8

貨幣幻境下的地方債懸崖

邵宇

東方證券首席經濟學家、首席策略分析師

引言

二〇一二年底，中國五級政府債務規模二十八點五兆元左右，其中，中央政府十一兆元，省、市和縣三級政府十六點五兆元。中國目前最大的風險就是不改革和不開放的風險，如果是做得小，步伐不大，或者是不超預期，這個就是風險。如果敢做、敢改、敢衝，那就有機會。本章解析中國面臨的債務問題，聚焦四大方面：政府有多少資產？政府有多少債務？政府債務風險到底有多大？短期地方政府債務償還需要什麼樣的應急金融條件。

地方債問題是大家目前比較關心的話題。因為這個問題令人擔憂，尤其是一些國外投資銀行看中國現狀時，都會表示中國的債務是無法忍受的，或者說地方債務已經面臨崩盤的可能性。所以我們會問：中國究竟會不會掉下債務懸崖？

中國政府有多少資產

如果從二〇〇二年到二〇一二年這十年來看（在此之所以只分析二〇〇二年至二〇一二年的數據，是出於數據可得性和技術可能性的考慮），中國政府的資產從十二兆元（人民幣，下同）增長到六十兆元，年平均增速百分之十七點六；淨資產從八點二五兆元增至三四點五兆元，年平均增速百分之十五點六左右。同時期，中國GDP的人均增速為百分之十五點六，M2[20]稍微快一點，達到百分之十八點一。這種對比其實有很深的意味：中國政府資產的增加，究竟是經濟增長帶來的，還是包括貨幣供應在內的其他原因所導致的？

政府資產，大致分為中央政府資產和地方政府資產。到二〇一二年底，中央政府的淨資產為十六

---

[20] M0、M1、M2分別代表貨幣供應量的不同指標，中國現行的指標為：
M0＝流通中現金；
狹義貨幣（M1）＝M0＋可開支票進行支付的單位活期存款；
廣義貨幣（M2）＝M1＋居民儲蓄存款＋單位定期存款＋單位其他存款＋證券公司客戶保證金。M2不僅反映現實的購買力，還反映潛在的購買力。

點九兆元，地方政府的淨資產為十七點六兆元；中央政府的淨資產年平均增速保持百分之二十，地方政府波動很大，平均增速比中央低五個百分點。

為了讓大家對這個數字有個概念，可以拿居民部門做對比。根據最新的測算結果，居民部門的淨資產為一百八十兆元，其中，地產接近一百兆元，可支配金融資產超過三分之一，也就是說超過六十兆元。這個情形對未來整個經濟的發展與改革有著非常深刻的意味，我們暫且不表。

整體來看，經濟宏觀體有六個部門：政府、中央銀行、商業銀行、居民、企業和對外部門。現在宏觀經濟學最新的研究趨勢，就是把六個部門的資產負債表全部打通。傳統的經濟學是流量分析，但流量分析不足以應對我們現在所面對的各種各樣的問題，特別是資產負債表的問題。在這方面，我們團隊展開了近四年的研究，雖然問題非常多，但我們會努力將各個部門的資產負債表逐漸呈現給大家，並且把它們連通起來，做國際比較，看看中國、美國、日本各個國家的情況是怎麼樣的，以幫助我們認識現在面臨的問題及全球的狀況。

中國政府有多少負債

對於債務規模，眾說紛紜。根據我們的估算，預計二〇一三年底中國五級政府（中央、省、市、縣和鄉）債務規模為三十二點六兆元。二〇一二年底，中央政府的債務差不多是十一兆元，考慮到中央政府債務增速相對穩定（增幅百分之十左右），我們預測二〇一三年中央政府債務規模為十二兆元。

省、市和縣三級政府二〇一三年顯性債務約十六點六兆元，BT[21]代建隱形負債約三兆元，兩項合計十九點六兆元。其中，銀行貸款九點八兆元，地方政府債券三點三六兆元（城投債二點五兆元，中央代發地方政府債券八千六百一十六億元），信託融資二點五兆元，保險資金計劃二千億元，向上級政府財政借款七千四百億元。為什麼把BT放在債務裡呢？BT存在的週期就是它建設的週期，而且一旦建設完了，就直接變成了政府的債務，我們覺得要放進去，BOT則不用放。根據對地方政府BT代建規模的測算，二〇一三年代建隱形負債約三兆元。

我們預估鄉鎮一級政府的總債務在二〇一三年是一兆元。為什麼不是很多？因為很多鄉鎮都不是一級財稅主體，沒有單獨抵押或者發債的權利，更多的是採用集資或者是非正規的管道來融資。

毫無疑問，研究中國問題，最大的麻煩在於你有沒有可得的或者是可信的數據。經過我們的努力得到了這樣一些事實。政府債務佔GDP的比重是多少呢——百分之五十四點九。具體來說，中央政府債務佔GDP的百分之二十一點三，地方是百分之三十一點六，鄉鎮為百分之二。

[21] BT即Build-Transfer的縮寫，意思為「建設—移交」，是政府利用非政府資金來進行非經營性基礎設施建設項目的一種融資模式；BOT是「Build-Operate-Transfer」的縮寫，即「建設—經營—轉讓」，是私營企業參與基礎設施建設，向社會提供公共服務的一種方式，一般稱其為「特許權」。

地方債的龐氏遊戲

大家都知道地方政府債務多，但關鍵是有多多？因為市場只會對超過預期的部份進行反應。比方說市場預期今年的地方債比上一年多百分之三十，如果上一年是十四點四兆元的規模，那麼如果最終審計出來的結果低於十九兆元，或者是十九兆元左右，市場就覺得什麼都沒有發生，很平靜地去接受這樣的一個現實；如果審計出來只有十五兆元至十六兆元，市場會覺得這是非常好的消息，中國資產負債表比想像中要健康得多，市場肯定大漲；但如果很不幸，審計出來是二十四兆元，也就是超過預期近百分之五十，市場一定會有所反應的。

根據我們現在跟市場交流的情況，可能多百分之三十是符合預期的，因為自然增長還佔很大一部份，肯定是沒有問題的。所以我們覺得，如果審計署審計出來的地方債規模在二十兆元以內，並且是含有三兆元BT的話，我覺得情況還在控制中，不用特別擔心。

具體來看，我們認為中央政府的債務風險還是比較小的，主要是鐵路總公司的債務。但是因為鐵路總公司已經啟動了新一輪的投融資改革，我們覺得這個債務風險問題不大，而且在新一輪的投融資體制改革裡，未來民間資本可以參與到地方鐵路建設、城際鐵路建設、資源型鐵路建設裡。

隨之而來的一個問題是，如果民營化了，不賺錢怎麼辦？我提出的一個辦法是採用鐵路基金或者鐵路發展基金的方式。大家做金融產品都知道產品分級，比如鐵路基金發行一個鐵路基金建設的固定收益債券，不管是民間還是政府，這個債券產品保證給投資者百分之六的收益，讓投資者安心，如溫州的市域鐵路S1線就採用了類似的方式。今後，類似的方式會慢慢被推廣和適應，PPP㉒公私合營關係歷來就是解決政府資產負債表的一個首要方法，這點後文會專門討論。

不過，我們再看地方政府。二〇一四至二〇一六年地方政府存在相當大的債務償還壓力。根據我們的測算，發現這段時間地方政府的償債率水準已經超過了紅線（這個紅線後文會給出具體的指標）。簡單說，接下來的三年，地方政府都在玩龐氏遊戲，借來的錢只能夠還本付息，事實上很危險。在這種情況下我們應該怎麼去做？

如果大家有興趣去翻一翻債務史的話，就知道從第二次世界大戰以來到現在，幾乎沒有一個大型的主要經濟體真正還清過它的債務。說得難聽一點，大家都在玩龐氏遊戲。美國的國債規模，一路上去就沒有下來過。所以政府債務這個問題，不僅要橫向比，還要跟自己的過去比，特別重要的是要跟全球其他國家比。

我可以很明確地告訴大家，我們將在很長的一段時間裡都會生活在貨幣幻覺裡，只要經濟能夠增長，政府債務就不是問題，美國是這樣，中國也是這樣。

具體來說，地方政府舉新債償舊債的規模非常大，地方政府二〇一四年是一點六七兆元的缺口，二〇一五年是一點六兆元的缺口，二〇一六年便是一點六四兆元的缺口。面對這種流動性風險，

㉒ PPP模式即Public-Private-Partnership的字母縮寫，通常譯為「公共私營合作制」，是指政府與私人組織之間，為了合作，建設城市基礎設施項目，或是為了提供某種公共物品和服務，以特許權協議為基礎，彼此之間形成一種夥伴式的合作關係，並通過簽署合同來明確雙方的權利和義務。

如果每年不讓地方政府借這麼多的錢去扛過債務高峰期的話，那就是致命性的錯誤，會導致系統性的風險。

轉移槓桿解決地方債

往後看，怎樣去做？我們把這個問題放在財稅改革的框架裡做更進一步的細化。

還有這樣一個問題，我們是不是面臨在三至五年的時間裡一定要大幅度地去槓桿？大家老喜歡說美國，覺得美國現在的經濟非常健康，但大家有沒有想過，美國目前溫和的經濟增速是連續五年財政跟貨幣刺激下的結果。我承認美國的經濟包括它的企業盈利都不錯，但如果沒有歷年來的刺激，美國的活力在哪裡？反過來想，如果沒人願意繼續玩這個龐氏遊戲，那就會導致美國經濟在二〇〇八年突然死亡，但這也算是所謂的早死早超生吧。可對於中國來說恐怕不行，早死的結果未必是早超生。我們的狀況可能承受不起這樣的硬著陸。因此我們會處理一些壞賬，會調整，可是未來政府可不可以加槓桿呢？

答案很簡單：地方政府不能加槓桿，地方政府只能把槓桿轉移，所以我們更傾向於用「移槓桿」這個詞，而不是「去槓桿」。怎樣移？有三種方式：第一，地方移給中央。第二，政府移給居民，因為我剛才提到，居民的財富是一百八十兆元，但是政府負債只有僅僅十兆元而已。我們中國人民確實是勤勞勇敢愛存錢，不愛花錢。那怎麼把槓桿轉移給居民？有一個詞我不太願意用，那就是私有化。具體怎麼做？只要競爭就可以了。大家看到十八屆三中全會的改革內容裡，強調私有經濟和國有經濟同等重要，有這種表述就可以了。只要是同等重要，企業能公平競爭，那麼有效率的、有活力的私有經濟就一定能勝出。第三，國內轉移給國外。什麼叫國內轉國外？就是通過人民幣國際化去引入廉價的資本，比如發點心債吸引海外投資。我接觸過很多海外投資者，比如一個阿布扎比的油王，他說你們的城投債賣給我好了，你們有百分之八、百分之十那麼高的收益率，給我百分之四我就非常高興了。

兩張重要的資產負債表

表一及**表二**是根據我們的可得數據製成的兩張比較完整的資產負債表，包含了中央政府和地方政府的資產負債表。

中央政府資產負債表結構

從表一可見，二〇一二年，中央政府資產規模約為二十八兆元，其中，中央政府擁有的非金融國有資產十一點六兆元、非經營性資產五兆元、鐵路總公司資產四點五兆元、中央匯金擁有資產二點二兆元、中投海外資產一點四兆元、全國社保基金資產一點一兆元、中央財政存款一兆元、財政部對金融機構權益一兆元。

從二〇一二年各類資產佔比看，中央政府的主要資產有：中央政府擁有的非金融國有資產（百分

表一：中國中央政府資產負債表

單位：億元，人民幣

年份	二〇〇六	二〇〇七	二〇〇八	二〇〇九	二〇一〇	二〇一一	二〇一二
資產	100,797.7	134,717.8	150,523.9	174,798.1	209,786.7	240,647.1	279,805.4
非經營性資產	18,212.9	22,251.3	25,517.5	30,162.2	36,275.9	42,444.6	50,125.8
中央政府國有資產（非金融）	47,333.7	58,060.1	63,056.9	70,949.2	80,785.1	95,888.7	115,803.0
鐵路總公司資產	15,023.6	15,522.9	18,553.2	24,566.4	32,937.4	39,796.4	44,877.0
中央匯金擁有資產	6,320.0	7,337.1	11,886.8	13,758.2	17,151.1	19,802.0	22,478.6
中投公司海外資產	0.0	8,777.4	8,777.4	8,947.6	10,577.4	11,514.8	13,829.5
全國社保基金資產	2,827.7	4,396.9	5,623.7	7,766.2	8,566.9	8,688.2	11,060.4
對四大資產管理公司權益	400.0	400.0	400.0	400.0	551.5	551.5	704.8
中央財政存款	5,105.3	8,560.6	8,481.9	10,613.2	12,138.7	11,366.8	10,376.6
財政部對金融機構權益	5,574.5	9,411.5	8,226.5	7,635.1	10,802.7	10,594.1	10,549.7
負債	41,473.9	58,720.9	63,058.3	74,516.5	89,045.7	100,180.7	110,801.5
國債	34,380.2	51,467.4	52,799.3	59,737.0	66,988.0	71,410.8	76,747.9
鐵路總公司債務	6,400.8	6,587.1	8,684.0	13,033.9	18,918.0	24,126.8	27,925.6
中投公司負債	0.0	0.0	610.0	846.0	2,388.3	3,706.8	5,003.4
全國社保基金負債	57.9	59.1	492.8	398.9	191.3	302.6	306.8
國外負債	635.0	607.3	472.2	500.7	560.1	633.7	817.8
淨資產	59,323.8	75,996.9	87,465.6	100,281.6	120,741.0	140,466.4	169,003.9

資料來源：東方證券研究所

表二：中國地方政府資產負債表

年份	二〇〇六	二〇〇七	二〇〇八	二〇〇九	二〇一〇	二〇一一	二〇一二
資產	112,300.6	148,684.7	156,136.3	203,399.6	249,470.9	286,962.5	320,091.0
非經營性資產	42,496.8	51,919.6	59,540.9	70,378.5	84,643.8	99,037.4	116,960.1
土地儲備	23,030.7	39,000.0	29,210.9	47,730.6	60,000.0	65,000.0	60,000.0
地方政府國有資產	41,667.8	49,204.5	58,902.6	74,677.3	92,688.4	111,558.3	132,754.3
地方財政存款	5,105.3	8,560.6	8,481.9	10,613.2	12,138.7	11,366.8	10,376.6
負債	35,701.7	45,098.3	55,687.4	90,169.0	107,174.9	123,824.8	143,841.0
地方政府債券	2,534.8	3,202.0	3,953.8	6,402.0	7,609.4	15,638.8	24,076.0
地方政府銀行貸款	28,204.3	35,627.7	43,993.0	71,233.5	84,668.2	91,000.0	94,500.0
地方政府上級財政借款	1,499.5	1,894.1	2,338.9	3,787.1	4,501.3	5,600.0	7,000.0
地方政府其他單位和個人借款	3,463.1	4,374.5	5,401.7	8,746.4	10,396.0	11,586.0	18,265.0
淨資產	76,598.9	103,586.4	100,448.9	113,230.6	142,296.0	163,137.7	176,250.0

資料來源：東方證券研究所

之四十一點四）、非經營性資產（百分之十八）、鐵路總公司資產（百分之十六）、中央匯金擁有資產（百分之八）、中投公司海外資產（百分之五）、全國社保基金資產（百分之四）、財政部對金融機構權益（百分之三點八）、中央財政存款（百分之三點七）、對四大資產管理公司權益（百分之〇點二十五）。

我們花了很大的力氣把這些結合在一起，我們認為應該是一個比較完整的呈現，當然這只是我們的判斷。

中央政府的負債主要為國債（佔比百分之七十）和鐵路

總公司負債（佔比百分之二十五），二〇一二年國債餘額（對內）規模為七點六七兆元，鐵路總公司負債為二點八兆元。二〇一一年以來，中央政府債務增速在百分之十左右，其中，國債餘額增速穩定在百分之六點五至百分之七點五，鐵路總公司負債增速相對較高，二〇〇九至二〇一〇年在百分之四十五以上，二〇一一年是百分之二十七點五左右，二〇一二年為百分之十五點七。

其實算總資產的意義不大，我們更關心的是淨資產，根據上述數據，我們得到了中央政府淨資產的時間序列數據，總體來說，淨資產在不斷增加，這其實有很深的一塊，得跟我們的流動性放在一塊看。從**圖一**可見，二〇〇六至二〇一二年，淨資產保持著年均百分之二十的擴張速度，高出同期名義GDP增速約五個百分點，也高出同期M2增速一點五個百分點。

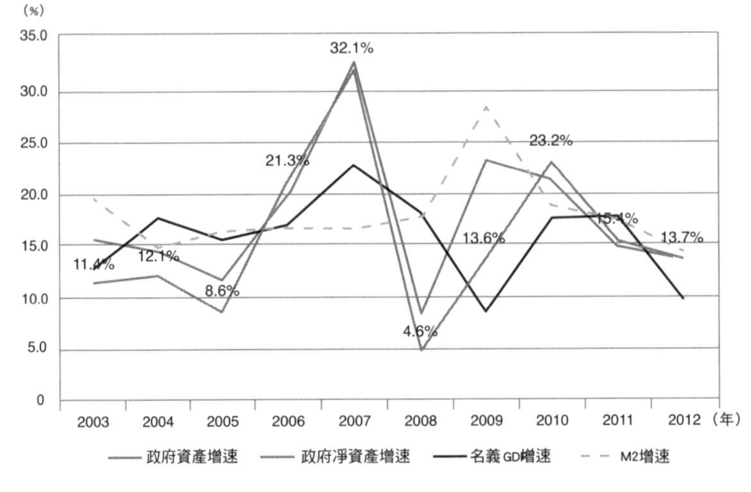

圖一：政府資產、名義GDP和M2增速

資料來源：國土資源部統計公報，東方證券研究所

地方政府資產負債表結構

從表二可見，二〇一二年，地方政府資產規模約為三十二兆元。其中，地方政府擁有的非金融國有資產十三點三兆元、非經營性資產十一點七兆元、土地儲備六兆元、地方財政存款一兆元。佔比分別為地方政府擁有的非金融國有資產佔百分之四十一點五、非經營性資產佔百分之三十六點五、土地儲備佔百分之十八點七、地方財政存款佔百分之三。

要說明的是土地儲備，我們僅僅計算了目前或者是即將可以進入儲備體系的資產。比如大家都知道俄羅斯地產豐富，但計算總資產時並未將沒開發的森林土地都放入其中，否則只會吹大總資產。如果只看這種資產負債表，那麼每個國家都健康無比，但這並不妨礙俄羅斯在一九九七年發生債券違約情況，因為不能這樣來計算。

從數據來看，二〇一二年，地方政府負債規模為十四點四兆元，其中，地方政府銀行貸款九點五兆元、地方政府債券二點四兆元、通過影子銀行系統融資一點八兆元、向上級財政借款七千億。

銀行貸款肯定是地方政府負債的大頭，現在受到了抑制。而與銀行貸款相比，地方政府發債是比較有紀律性的，而且這也符合整個金融體系的脫媒或者說直接融資化過程。但現在的麻煩在哪呢？——債券定價的逆差不足以對每一個地方政府真實的債務跟資產情況進行區別。這跟整個評級體系，以及地方政府歷來都不清晰的資產負債表，以及隱性擔保有很密切的關係。所以在這次財稅體制改革裡，這個問題一定要解決。所以想得到一個清晰的資產負債表需要一個過程。

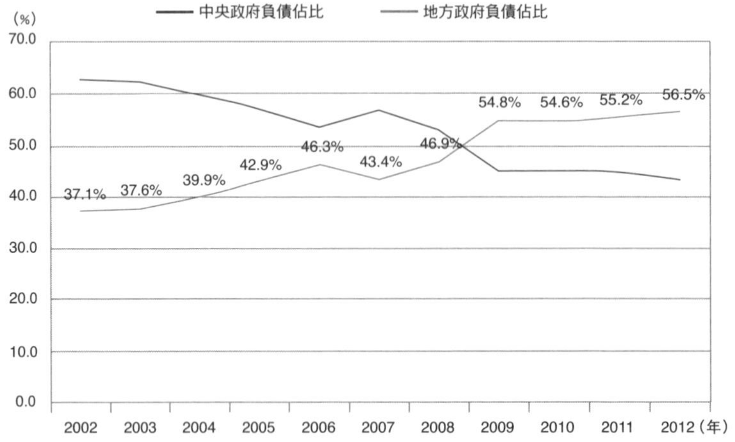

圖二：中國中央政府與地方政府負債比率

資料來源：東方證券研究所

綜合前文數據，淨資產方面，二〇一二年年底地方政府淨資產規模為十七點六兆元，增速波動較大，二〇〇六至二〇一二年平均增速為百分之十五點八，較中央政府低五個百分點，較M2增速低三個百分點。

綜合來看地方債務，從**圖二**中，我們可以看到中央政府的負債慢慢在收斂，但是地方政府的債務卻不斷上升；同時大家要注意，二〇〇八至二〇〇九年地方政府的負債突然上跳了十個百分點，為什麼？就是因為中央「四兆」投資政策，中央其實只投出了四兆元，但是地方配套差不多接近二十三兆元。儘管這一輪投資確實也形成了資產，但同時也累積了風險。

中國政府債務的風險

政府債務大概有三種類型：第一種債務是福利性債務，現在歐美國家面臨的大量債務都是福利性債務，福利性債務幾乎是沒有自償性的，也就是說是不可能被償還的。

第二種債務在歷史上存在過，叫做軍事性債務。比如英國和法國在歐洲大陸爭霸時，英國的融資成本是法國的五分之一，海外殖民戰爭也是某種形式的負債經營。這種債有沒有自償性呢？有，但前提是一定要打贏，打贏了就能讓敵對方割地賠款，打輸了就沒戲了，例如第一次世界大戰後的德國及俄羅斯。

第三種債務是建設性債務，中國政府的債務絕大部份都是這種類型。建設性債務有自償性，但是時間拉得特別長，可能要二十至三十年，所以這類債務面對更多的是短期流動性的困境。但並不是說流動性風險就不是風險，它也是風險，也要化解，要比較當心。

這裡，有一個數據的比較，把中央政府、地方政府的資產和負債，跟貨幣供應量的增速以及GDP的增速做了一個比較，從**圖三**及**圖四**可見，債務水準確實在上升。特別是地方政府債務，它的上升水準高於

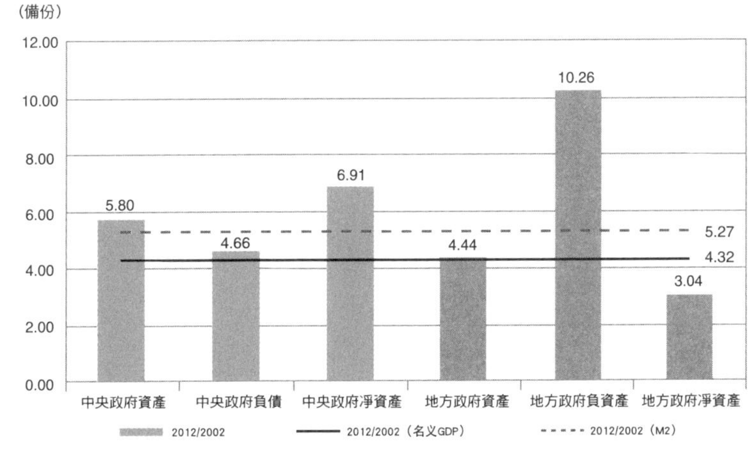

圖三：中國政府資產、負債與M2、GDP變化

資料來源：CEIC，東方證券研究所

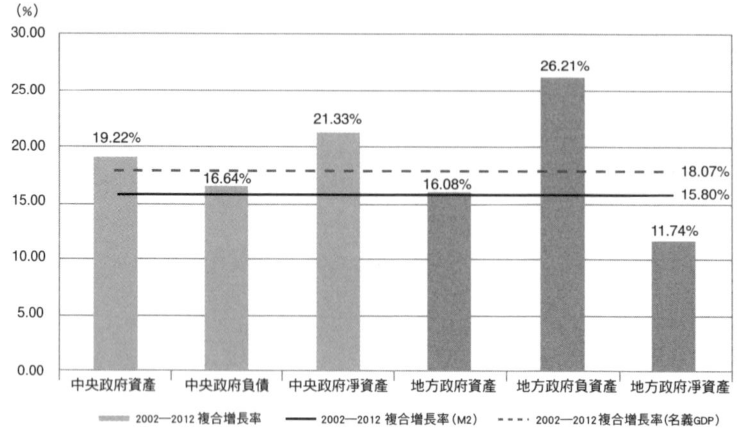

圖四：中國政府資產、負債與M2、GDP複合增長率

資料來源：CEIC，東方證券研究所

GDP或者是貨幣供應量的增速。通過比較，我們也知道了政府債務一個比較大的來源：創造這麼多的貨幣，除了會帶來資產的膨脹，也會帶來債務的膨脹，同時帶來經濟的增長。但是，地方政府債務水準確實是太高了，肯定得約束，約束的方法是什麼呢？就是下文會提到的，可能是PPP也可能是財稅體制改革。一定要解決，但也一定要有一個系統的方案。後文中我會談這個方案的大致方向。

地方債償還壓力大

關於大家所關心的償債壓力問題，償債壓力要做一些情景測試，而其中基本的假設很重要，因為假設一旦出錯，後面的結論一定是錯的，如果假設沒有問題，推導過程本身不大可能有問題。一起來看看我們所給的假設：

一、二〇一三至二〇一七年，中國實際GDP增速百分之七至百分之七點五，通膨水準百分之二點六至百分之三，名義GDP增速百分之十。大家都知道通膨可以消化債務，所以決策者願意看到一個溫和的通貨膨脹，但投資者卻不願意看到，投資者要找到其他方法來保護他們的財產。因為通膨的因素，所以名義GDP的增速是百分之十。但在中國很奇怪的一點是，不能把通膨跟實際GDP加在一塊去衡量名義GDP，在這裡不展開探討。

二、地方政府財政收入（地方本級收入＋中央補助）佔GDP比重為百分之二十，地方政府性基金收入年均規模在三點七五兆元，其中，土地出讓收入年均三兆元。

三、在嚴控地方債務總量的政策指導下，二〇一四至二〇一七年債務增速為百分之十。我們沒有把地方債務增長鎖死，現實中也不可能不讓其增加，因為如果不借新債的話，地方債務就無法滾動下去，所以要保持一定的債務增速。

四、地方政府債務的加權平均利息率為百分之八：其中債券佔百分之七、銀行貸款佔百分之七點五、信託百分之十二。本來我們假設得更低，之前假設加權平均利息率只要百分之六，後來經過與銀行實際反覆核對，將這一成本提高到至少百分之八。其中債券是百分之七，差不多相當於一個2A＋政府的評級。信託百分之十二是比較高的，但這是沒有辦法的，信託現在是「高富帥」，我們做債券、做銀行的是「屌絲」。

五、不同類型債務的到期期限：銀行貸款三至五年；城投債，二〇一〇年以前為三至五年，二〇一一年至今，三至七年，三年後年均償還本金百分之二十，直至第七年結束；信託二年。綜合計算下來，我們得出一個結論：地方政府還本付息的規模非常高，在二〇一四至二〇一六年進入償債的高峰

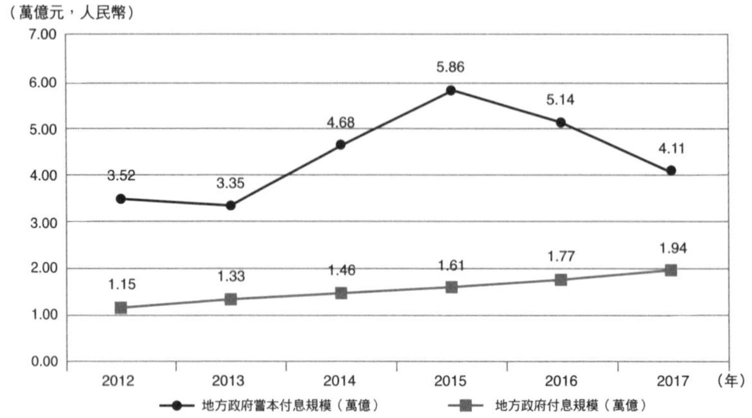

圖五：地方政府償本付息規模

資料來源：CEIC，東方證券研究所。

期，從圖五可見償債規模分別為：二〇一四年四點六八兆元、二〇一五年五點八六兆元和二〇一六年五點一四兆元，每年付息的規模從一點一五兆元增加到接近二兆元的水準。

什麼意思呢？也就是地方政府每一分的投資所要償還的資金成本是很高的。在上面我們看到的融資方式中，發債券最便宜，但由於債券評級不到位，債券的供應量和需求量都有問題，所以只能逼得地方政府通過影子銀行體系進行融資，一旦走影子銀行體系，成本就下不來。這就意味著下一輪金融體系改革一定要朝著降低資金成本的方向。

地方債償債率超越臨界值

再來算一下償債率，償債率我們用了三個口徑：

償債率一＝地方政府還本付息金額／（地方本級收入＋中央稅收返還和轉移支付＋地方性基金收入）

償債率二=地方政府還本付息金額／（地方本級收入+地方性基金收入）

償債率三=地方政府還本付息金額／（0.3×地方本級收入+0.2地方性基金收入）

第一個口徑比較簡單，同時也比較寬泛，但是最重要的是寬口徑。這裡，我們推薦第三個口徑的償債率指標，也就是償債率三。我們先來解釋下分母部份：因為地方政府的本級收入絕大部份要用於支付員工工資，所以真正可操作的財力這一塊，按照歷史的經驗來看只有百分之三十。這裡為什麼沒有算轉移支付呢？轉移支付目前都有特定的用途，即便是一般的轉移支付，也是直接針對民生的某一項開支，不能把這些錢都用來還債。土地收入是地方性基金收入的主要部份，大家都覺得賣地就有錢，但是我們的統計數據顯示，現在地方政府在土地收入裡頭，真正可以用於支配的可能也只有百分之二十，因為現在拆遷的成本很高，此外政府還要去提供其他配套設施的費用。

這三個口徑的數據結果令人很吃驚，償債率一的紅線是百分之二十，二〇一二年、二〇一四年、二〇一五年，地方政府償債率一均突破紅線。在償債率三這個指標中，百分之一百是地方政府償債能力的臨界值，突破百分之一百就意味著地方政府需要「舉新債還舊債」，二〇一二至二〇一七年，償債率三均在百分之一百以上，這意味著地方政府普遍、持續需要借新還舊。其中，二〇一四至二〇一六年，該指標均在百分之一百五十以上，借新還舊規模較大，壓力不小。

可以看出，這就是上文說過的政府在玩龐氏遊戲，因為它拿的錢，連當年的償本付息都不夠。這一點，大家都能清楚認識到，所以系統性的風險是絕對不能發生的。但實際上這麼多國家，都沒有真正還清過自己的債。中國傳統的智慧就是所有的問題都要在發展中解決，所以中國的經濟增長速度不能太低，而且貨幣供應量一定要維繫住。但在發展的過程中，可以有目標地去懲戒某些過度案例，或者是系統化地進行新一輪的約束。

同時我們要稍微注意一點，全球平均的負債率是百分之六十，歐盟的紅線就是百分之六十左右。但是歐盟是高度成熟的經濟體，它負債的目的主要是為了福利事業。中國的人均資本存量僅是美國的八分之一甚至是十分之一，這意味著我們一定有重大的提高空間。現在與其相比，我們的資產負債表相對稍微好看一點，但也還是受到全世界投資機構的攻擊，覺得這是不可以持續的。該怎麼去調整呢？中國的債務幾乎都是形成資產的，因此資產的有效性就很重要。

舉例來說，我參加一個論壇，吃完飯六點鐘就離開了會場，但直到半夜十二點鐘我才到家。為什麼呢？因為當時下了一場超級大雨，地鐵二號線停駛，因主幹道被淹了。後來又瞭解了一下，主幹道設計的排水量是一小時三十六公釐，結果那一小時下了一百三十六公釐的雨，肯定是不行了。這恰恰說明有效的投資肯定是不夠的，但是以前參加「GDP錦標賽」的時候，大家卻都只注意面子上的問題。就像被水淹沒的大道，表面光鮮可下面很爛，這肯定不對，從這角度而言中間必有空間，而且一定會從水費、排污費當中收回它運營的成本，但需要時間。那中國未來會不會有美國所遇到的福利債的問題呢？也會有，因為中國社會也在漸漸地老齡化，但是這不是現在的當務之急，我們要面對它，但不是現在。

直擊債務風險方案

應對這樣一個短期的流動性風險，我們需要考慮以下兩個金融條件，即社會融資總量的增速要求和各類融資管道提供資金的資金規模及增速。

我們大概做了一個測算，總量條件方面，二〇一四至二〇一五年社會融資總量增速需要在百分之十九至百分之十九點五，其中M2的增速在百分之十三至百分之十三點五，二〇一六至二〇一七年社會融資總量增速需要在百分之十四至百分之十四點五。

也就是說在未來的這幾年，融資總量可能還真得保持百分之十九至百分之二十的增速。但是結構可以調節，現在信託有十兆元的資產，信託成本實在太高了；銀行現在是一百四十兆元的資產，當然可以把資產卸下來；券商也可以在資產證券化的過程中分一杯羹，但是總量必須得保證；需要較大幅度地拓寬地方政府債券和城投債融資規模，繼續擴大利用保險資金；更為重要的是，要做好區域間結構匹配。

可持續的地方債風險化解方案

十八屆三中全會的公報有一個非常不一樣的詞語——「推進國家治理體系和治理能力現代化」——裡面也提到財政是國家治理的基礎和重要支柱。財政大家知道，也包括地方債務，以及中央地方稅收的改革制度，這些都是將要推行的東西。比方說我們可以看到債務風險以及融資機制的兩項改革：

第一個是進一步挖掘土地儲備機構的融資能力，未開展融資業務的有關土地儲備機構積極與金融機構對接，獲得融資。

第二個是同時在這個過程中健全公司的治理結構，通過有效資產注入、剝離不良資產，挑選基礎好的平台做實、做大，成為真正的市場主體，通過銀行、發債等多種管道融資。

什麼意思呢？以前是通過融資平台，融資平台裡有一部份是土地儲備，在這樣的情況下，可以讓它完全獨立，或者通過公私合營的關係，使它成為市場化的獨立運行主體。因為一旦成為市場化的運行主體，或者是上市公司，就可以自行融資和投資，投資機會會非常大。

投融資機制改革方向何在

從長效機制來看：第一，對於具有一定盈利性、對社會資本具有吸引力的建設項目，向民間資本開放：引入並擴大PPP等模式。

現在是一個倒逼的過程，不向民資開放，就沒有錢，這就是我前文說的要移槓桿，政府要把槓桿轉移給居民。國外的政府是不承擔任何建設性的功能的，建設性功能常外包給獨立的市場運營主體來做。現在很多公司就是這麼做的，叫做城市運營公司。比如說一個郊區鎮要城市化，那麼整個鎮的設計，基礎設施、公用設施、房地產，全部交給一家市場化主體開發就行了。這樣，相應的資產負債表就很清楚，就是增值和收入。其實鐵路也一樣，鐵路周邊的物業開發，包括地鐵周邊的物業商業開發等，都可以外包給一家公司來做。這樣一來，鐵路局的資產負債表就很乾淨，既沒有資產也沒有負債，債務存量就會下來。

所以公私合營模式在中國一定大有可為。政府一定要把建設職能卸下來，交給市場來完成。以前是政府自己幹，現在私營公司已經成長到足夠大的體量，能夠介入一個城區，或者是一個鎮的城市化進程，這在新一輪的城市化方案裡頭是特別鼓勵的。

第二，加快財稅體制改革，建立地方財政財務公開制度，逐步開展下級地方政府市政債券發行試點。

其中加快財稅體制改革最重要，同時在資產負債表非常清晰的情況下，允許地方發行一般責任的市政債券，用於一般的城市運營，還可以允許地方發行收益性市政債券，用項目的收費來直接還本付息。這樣，資產和負債同時形成，又因為是發債形式，相對來說融資成本要低於向銀行貸款。當然，前提是評級要比較可信或者是可靠的，這樣也可以挖得開一個信用利差。比如說一些內地市政產品，可能評級比較差，評級差也沒關係，因為投資者對投資品最看重的是性價比。有些投資者喜歡買垃圾債，也有些投資者喜歡買低收益但高等級的債品，關鍵在於政府的資產負債表要清楚。現在上海自貿區允許外資的評級機構獨立進行作業，可以直接在自貿區裡頭貼標籤。地方政府總有一天會發現，學會跟市場打交道，拿到一個好的評級，是非常重要的。

我曾帶隊去西部一個城投公司調研，之前都約好了，但當整個投資團隊二十人到了現場以後，接待人說對不起我們的老總出差了。其實老總出差也沒關係，那副總能不能來？他說副總也出差了。那麼總會計師能夠來嗎？對不起，總會計師也出差了。那能不能讓我們看看數據和文件呢？他說所有的數據和文件都被總會計師帶走了。二十人的投資團隊裡都是基金經理或者投資總監，面對這種狀況大家的感受可想而知，誰還願意再買這家公司發的債呢？再說另外一家中部的公司，當時只派了一個人過來，是他們的財務總監兼副總，他直接表示，公司的確有一些問題，但也有解決辦法，這樣的話投資經理就高興了，也不會刁難。為什麼呢？因為市場就是處理資訊並且進行有效加工的地方，如果你藏著掖著，就沒人敢買了。通過市場紀律，市場會發現政府的行為，形成有力的約束，這就是市場化的改革，當然陽光透明也是非常重要的前提條件。

可以預料，在新一輪的財稅體制改革裡，未來地方稅可能主要會得到來自房產稅和物業稅的支持。為什麼房產稅和物業稅這麼重要？因為城市建設一旦完成，這麼大的基礎設施的運營，一定是來自於物業的收入。物業能不能收到錢呢？可以收到。中國居民淨資產一百八十兆元，其中一百兆元是房地產，所以是取之於民，用之於民。房產稅的目的很簡單，它並不是要真正去打壓房價，而是作為地方所需要的城市運營的資金重大來源。

這牽涉到另外一個問題，在新一輪的財稅體制改革中，一定會上升大量的事權。我們都知道地方和中央現在財權和事權嚴重不對等。上升的事權包括上文提到過的《空間法》、污染治理體系以及食品安全，只有形成垂直的管理才能進行有效地監督，這些事權都將從地方上升到中央。還有所謂標準化的公共服務，比如說養老、退休、醫療，這些是基本公共服務包。這一部份的支出，也可以統一由中央來做，如此也為戶籍改革提供了切口。

與此同時，其他比如環境稅、土地增值稅、房產稅、消費稅，也可以都變成地方稅收，以在它降低的事權基礎上，提供更持久的財力支持。這樣，城市的運營過程就能循環起來。現代化是我們的主要方向，是現在發展的主要動力，包括城鎮化和工業化。建設職能還是一定要有，但在未來未必一定都由地方政府去做，可以把這部份工作交給PPP，交給市場化的運營主體，這就是所謂的市場化的過程。而且我相信交給這些市場化的運營主體來做，會更加有效率。所以各地方政府都會試圖優化它的資產負債表，也就是把槓桿移給市場、居民、企業。在面臨流動性風險的困境下，一定得市場化，這樣才能至少把流動性困境度過去。

CHAPTER 9

保險業能否飛得更高

魏迎寧

中國保險監督管理委員會原副主席

引言

保險資金運用是保險公司利潤的重要來源，是提高保險公正的重要手段，也是這個行業風險防範的重要環節。本章從當前保險資金運用新政、壽險費率市場化、償付能力新標準、保險銷售管道創新等幾個熱點問題進行深入淺出的解釋及剖析。以二十世紀九〇年代初期到現在中國保險資金運用的歷史沿革為例，對現行保險資金運用管道和中國該領域的相關監管規範做出了清晰的解釋說明。從監管層的角度出發，開闢看待相關問題的新視野。

都說保險是金融業的主要組成部份，但我總感到，其實在金融業裡，保險業處於邊緣化的地位。談到金融的時候，大家首先想到的是銀行，其次是債券、基金，保險可能最後才會被附帶提到。從資產規模來看，保險業也比較小，和銀行業一百多兆元的資產規模比，保險業八兆元左右的資產規模，確實比較小，也是被邊緣化的。

賣保險還能有新意嗎

如果說保險屬於金融業的話，保險活動裡面和金融業及其他部份聯繫最緊密的要屬資金運用了，也就是保險投資。在講保險投資之前，先講一下當前保險業幾個比較熱門的問題。一是資金運用的新政。二〇一二年十月份以後，保監會連發了十多個文件，拓寬資金運用管道，減少審批。二是壽險費率市場化。二〇一三年八月一日保監會發佈了《中國保監會關於普通型人身保險費率政策改革有關事項的通知》和《中國保監會關於做好普通型人身保險費率政策改革實施工作的通知》兩個文件。也就是說普通型人壽保險定價的費率放開了，壽險費率市場化已經開始執行了。三是償付能力的新標準。對新的償付能力標準的探討已有一年多了，但還沒有出來。四是保險銷售的新管道。

保險銷售管道

我們先說保險銷售管道的創新問題。保險是一種金融產品，需要賣出去，賣出去就得有銷售管道。現在保險產品的銷售有這麼幾個主要管道：第一個也是最主要的管道——銷售員，也就是個人代理。保險公司給銷售員代理合同，銷售員沒有底薪，沒有基本工資，也不參加社保，他們的收入來自於推銷業務的提成。目前有三百多萬名銷售員在賣保險。這一管道主要用於人壽保險業，但財政保險業也有銷售員。第二個主要管道是銀行、郵局代理。在銀行存錢，銀行的櫃員也許會勸你買份保險。第三個是汽車保險，通過汽車修理廠、汽車 4S 店來銷售。這些都是代理管道。最後一個管道是保險代理公司以及保險經濟公司，這個管道目前佔業務總量的比重還比較小。

我認為這幾個主要的管道都不是很理想，成本高，不穩定。為什麼成本高？銷售員賣保險，代理手續費的比例不低，而且銷售員流動也比較頻繁。銀行、郵局代理，向保險公司索要的手續費也比較高，保險公司支付了高額的手續費之後，利潤就少了。

比較其他金融行業：銀行的產品通過銀行賣；證券、基金也有自己的銷售管道。保險公司在營業網點當然可以賣自己的產品，但一條街上，走不了十分鐘，就能看到一間銀行，而且通常在一層，推門進去就可以辦理業務。但得走多遠，才能找到一家保險公司，推門進去就可以買保險呢？買保險產品有這麼費事嗎？非得通過這麼多中間環節嗎？

保險業其實一直在創新銷售管道。在計劃經濟年代，保險公司員工直接銷售產品，招聘員工還得有用工指標，工資總額還得上面批，不能隨便招人。後來有了個人銷售員，再後來又請了銀行代理，就這麼一步步走過了。每一次銷售管道的創新其實都引起了產品的創新。

上網買保險

如今，每個人都在講互聯網金融。互聯網金融的概念，我還沒有研究透，但起碼包括一個內容，就是通過互聯網銷售金融產品。比如說汽車保險，實際上它佔財產保險業務量的百分之七十。那麼汽車保險賺不賺錢？現在還是有盈利的。前兩年為什麼不盈利？因為代理手續費高，費率基本是確定的，代理手續費高了，保險公司就少了。代理手續費按照財務製作來規定，國家沒有規定代理手續費的額度。交強險是強制保險，這是有限制的。至於自願的保險，手續費多少，國家沒有強制性規定。但是稅務局有規定，代理手續費超過一定數額後，超過部份不能計入成本。保證稅前列支，要用稅後利潤去支付，保險公司當然承受不了。

汽車保險是標準化的，汽車保險的保險責任各個公司基本都一樣。如果說創新管道的話，那麼能不能讓銀行去賣汽車保險，不通過汽車修理廠呢？互聯網能不能銷售？現在很多年輕人都在網上買東西，同樣一件電器、傢俱，網上買比到傢俱城、商場買要便宜很多。如果一件產品是標準化的，通過網路就能夠瞭解到這個產品的性能、外形等，按照貨號訂購，那麼網上交易還是比較方便的。我也通過網路買過書，因為網上買到的書都是正版，貨到付款，內容跟我到書店買的是一樣的，而且網上購書不僅有折扣，還能送貨上門，那我何樂而不為呢？

保險能不能通過網路買？按說是可以的。網上賣保險，幾年前就開始了，幾乎所有的保險公司都有自己的網站。比如說你想買TK人壽的保險產品，你可以登錄TK人壽的網站，瞭解產品資訊，如果有興趣還可以聯繫專人互動、溝通、下單。還有一些綜合性網站也可以鏈接到各家保險公司的產品。目前可能不是所有產品都適合網上銷售，而那些適合網上銷售的產品，其電子管道目前也還沒有成為主流，人們尚不習慣。我想將來，隨著習慣網上購物的年輕人越來越多，網上賣保險也會成為潮流，會有相當一部份的保險產品通過網路進行銷售。當然銷售管道的創新肯定會帶來產品的創新，不同的管道適合銷售不同的產品。如果接下來銷售管道能有創新，互聯網銷售量能越來越多，將會給保險業帶來深刻的變化。

保險產品定價誰說了算

另一個熱門話題要算壽險費率市場化。費率是保險產品的價格，費率市場化就是保險產品的價格由市場決定。那大家會問，現在保險產品的價格是不是由市場決定？如果不是，那是由什麼決定？壽險產品的價格是保險公司制定的，保險公司在定價的時候，主要根據三個因素：預定死亡率、預定費用率以及預定利息率。

什麼是預定死亡率？人壽保險保的是人的死亡和生存。一個人未來生存或死亡的概率，是通過生命表來表述的，要用生命表去估計。不同年齡、不同性別的人，在未來若干年內，死亡或生存的概率是定價的因素。

什麼是預定費用率？保險公司簽訂了一份保單，便要管理這份保單。那麼保險公司的各種管理費用：如保險公司的折舊費、高管的工資、資訊運用的費用、保單打印費用、向銷售員支付的佣金、手續費等，都要分攤到每一張保單上，這也是定價的因素之一。

影響壽險價格的第三個因素是利息率。壽險保單時間長，投保人所繳的保費存在保險公司，保險公司進行投資用，獲得資金收益。所以保險公司要對這張保單的投保人所繳的保費計算利息，這個利息率也成為壽險定價的一個因素。

是誰最終影響了定價

保監會雖然從來沒有直接對壽險產品定價，也沒有直接約束壽險產品的價格，但是保監會管制或者限制了定價的因素，對定價因素的管制就間接控制了保費的定價。比如說預定死亡率，要根據生命表去估計，生命表統一使用中國人壽保險業經驗生命表，如果用這張表來估計死亡率，那麼死亡率的定價因素基本上就確定了。

怎麼確定預定費用率呢？保監會規定了管理費用所佔保費的最高比例，你可以比保監會規定的低但不能高。保險公司在定價的時候，會不會定一個比保監會所要求的更低的管理費用呢？當然不會。保監會在最開始制定費用標準的出發點就是防止保費裡用於保險公司管理費用開支的部份太多，用於對被保險人提供保障的部份太少。如果你繳了一百元的保費，八十元用於對被保險人提供保障，二十元用於保險公司費用開支，這個比例看起來比較合理。如果說一百元裡面，六十元提供保障，四十元作為保險公司的開支，有些人就會覺得不合理了，質疑保險公司管理費太高。

有一個概念叫綜合成本率，包含兩個部份：綜合賠付率（收的保費裡面賠給被保險人的）以及綜合費用率（作為保險公司費用花掉了）。大家可以去查一查財產保險公司數據，看綜合賠付率佔比多少，一般不到百分之六十。人壽保險也是一樣，為了防止佣金、手續費等各種管理費用過多，保險公司規定了一個上限。基本上保險公司的花費都會達到這一上限，這樣預定費用率基本就確定了。

預定利息率是保險公司的資金運用，按照能得到多少回報預期去定。保費進行的投資，如果能得到百分之五的投資匯報，那麼每年可以給被保險人的保單利率大概也是百分之五。可以稍微低一點，留點餘地，但不能高了。本來最初是沒有限制的，沒有限制的結果是什麼呢？在二十世紀九〇年代中期，銀行利率達到百分之十以上，一年定期存款利率百分之十點九八，五年期的高過百分之十七。在那個年代，我們的壽險保單利率比銀行存款利率還低。

當時保險公司投資管道非常少，主要是存在銀行，也不吃虧。要搞別的投資，能不能得到百分之十的回報還很難說。而存在銀行就有百分之十沒風險的回報。既然所收的保費存到銀行，可以得到百分之十的利率，那麼當時多數保單定價給被保險人的利率是百分之七至百分之九，少數保單可能要高一些。但大家想一想，把錢存在銀行，可以拿百分之十的利息，保單的利率卻不到百分之七，這保險怎麼賣？這就是當時的市場情況。

後來銀行利率下降了，幾年之內下降到不到百分之二。到一九九九年，銀行一年定期存款利率不到百分之二。保監會發了文件，要求把保單利率以及定價利率一律降到不超過百分之二點五的年利率。當時有這麼一個規定，是因為壽險保單發生了比較嚴重的利差損情況，因而採取了緊急措施，防止利差損進一步擴大。這個措施在當時看還是必要的。一九九九年六月份做的這個規定，就執行到二〇一三年八月四日。二〇一三年八月一日保監會發佈文件，把壽險保單利率放開了，從八月五日開始執行。之前的那個文件從一九九九年六月十日一直執行到二〇一三年八月四日。

保監會雖然沒有直接為壽險產品定價，沒有直接限制壽險產品的價格，但是它限制了定價的要素，從而間接地控制、管制了壽險產品的價格。這個管制好不好？我認為這種管制雖然防範了風險，但是也限制了產品創新；在一定程度上，限制了被保險人的收益，有一定的負面影響。現在保監會已經決定放開普通壽險產品的定價利率，既然定價利率可以提高，那麼就要求投資收益也要提高。

保險產品收益怎麼這麼低

保險公司投資收益有多高？二〇一二年，整個保險行業平均資金運用收益率（資金運用的收益除以資金運用的平均餘額）不到百分之四。大家會問，怎麼這麼低？對比之下，二〇一二年上半年銀行存款的利率還在百分之五以上。有人說保險公司花百萬年薪，養了這麼多投資團隊，每天看圖表，寫分析報告，定投資策略，其結果還不如省心存給銀行，利息更高。那麼到底是不是這樣呢？是。為什麼？一是當時保險公司投資管道還沒有完全放開，二是股市資本市場不是很好。到二〇一三年上半年，保險公司資金、股票的投資有相當一部份還是負收入。存在銀行的存款和買的國債、企業債券，收益是正的。負的和正的抵消之後，就把正的收益減少了。本來存到銀行利息百分之五多一點，但其他投資還在虧損，平均之後就低了，因此也造成了二〇一二年全行業平均資金運用收益率不到百分之四。各個保險公司不一樣，有的盈利好，有的不好，百分之四是全行業的平均數。

怎麼提高資金的收益率呢？資金運用管道應該放寬。保險業的資金運用，有可能發生風險，原來管得比較緊，好處是有效防範了風險（實際上也沒有發生系統的風險）。但不好的一面是增值較慢，妨礙產品創新。

解決兩大保險收益「攔路虎」

二〇一二年十月份以後，資金運用管道大幅度放開，審批減少了。這為保險資金運用創造了更多的機會，可能會提高資金收益率。但是收益和風險是並存的，防範保險風險的要求可能就更高了。這麼多年保險業還沒有發生過大的系統風險，為什麼呢？首先是因為壽險保單、保險產品的定價沒有完全市場化，保險資金運用被嚴格限制了。

其次，償付能力的監管比較嚴格也是一個因素。償付能力簡單來說，就是保險公司的資本金（淨資產）。如果資本金本來比較多，虧損了，淨資產也就減少了。也就是說淨資產要和負債規模（業務規模）保持一定的比例。業務規模越大，收的保費就越多，而絕大部份保費都會轉成負債，得避免累計滾存。負債規模越大，所需的淨資產也就越多，這就是上述所說的要保持一定比例關係。嚴格的償付能力監管，就是為了避免過高的槓桿率，讓你有多少本錢做多大生意，起到防範風險的作用。

但自二〇〇九年以來，償付能力監管也發生了很多變化。我們現在使用的償付能力標準最早是在一九九九年制定的。後來在二〇〇三年簡單修訂了一下，沒有根本性地修改，又使用了十年，有些地方已經不適合現今情況了。我們的標準是仿照歐盟標準制定的，而歐盟自己的標準已經做了很大的修改，我們要不要修改呢？償付能力的標準中比較重要或者核心的部份，是對資產和負債的計量。剛才說淨資產和負債要保持一定的比例，淨資產是什麼呢？是資產減負債。資產是什麼？資產該怎麼計價，怎麼計量？因為新會計準則的執行，資產計價方式已經發生了很大的變化。負債又該怎麼計量？按照新的會計準則，其計量方式也已經發生了很大的變化。那麼償付能力監管的標準要不要相應地變化？怎樣吸取美國和歐盟的最新標準，建立符合中國情況的償付能力標準，是最近兩三年來一直在研究的課題。這在保險業簡稱為「償二代」，即第二代償付能力標準。新的償付能力標準的制定，其實和被保險人是沒有直接關係的，和金融業其他行業可能也沒有直接關係，但對保險業影響非常大。按照原來的標準，如果資本金不足，但資本充足的，可以繼續營業；但如果按新的標準，償付能力不足，就要補充資本，就要發債，否則必須停業，關係重大。

新償付能力標準的制定肯定勢在必行。為什麼？因為如前文所說會計準則已經發生了很大的變化。比如說對於資產的計價，老的會計準則是按照最低資產成本的市價計價。新準則則是公允價值㉓，如果有市場交易的話，就按市場價格，和原來不一樣。對於負債，原來的計量比較謹慎、保守穩健，新的相對比較樂觀，和原來不一樣。

㉓公允價值（Fair Value）是指在公平交易中，熟悉情況的交易雙方自願進行資產交換或債務清償的金額。按在公平交易中，熟悉情況的交易雙方自願進行的資產交換或債務清償的金額計量。相對於歷史成本，公允價值提供的會計資訊具有更高的相關性。

其實這幾個問題都是相關的。銷售管道的創新會帶來產品的創新；資金運用收益率、壽險費率的放開，要求更高的資金運用回報率；資金運用管道的放開，有可能實現更高的投資回報率。所有這些都會帶來新的風險，我們必須加強償付能力監管，制定符合實際情況的償付能力標準，以防範風險。

保費哪兒去了

什麼是保險資金運用？按大家通常的理解就是投資。那為什麼不叫投資呢？這是一個歷史遺留問題。最早在二十世紀九〇年代初，當時中國人民保險總公司成立資金運用部，把對外投資叫資金運用。後來在制定《保險法》的時候，就沿用了「保險資金運用」這個說法，沒有叫保險投資。其實「保險資金運用」就是一種投資行為，是以保值、增值為目的的投資行為。

一家保險公司成立時，股東首先要向公司注入資本金，資本金流入保險公司。開業之後開始賣保險，投保人繳納保費，保費流入保險公司。保險公司要有費用開支，各種管理費用開支，電子化、系統、預行費用、高管人員工資、銷售人員的佣金……費用開支是一小部份，大部份錢還沒有用於賠款的時候怎麼辦？就要資金運用，把錢投出去，買股票、買基金、存入銀行等。經過一段時間，就獲得了投資收益。發生保險事故的時候，就向投保人支付賠款。這便是資金流出。

剖析保險公司資產負債表

保險公司所運用的資金主要來自保費，也就是對保單持有的負債。保險公司的資產項目聽起來名目繁多，包括固定資產、應收款、低值易耗品等，其實主要分為兩類：一類是投資資產，以保值、增值為目的，包括銀行存款、股票、基金、企業債券、國債等。另一類是其他資產，包括使用的固定資產、辦公設施等。以總經理坐的汽車為例，買它是為了保值、增值嗎？不是，只是經營業務需要，因此便屬於其他資產。

保險公司的負債也可以分為兩種：一種是對保單人持有的負債，就是收取保費形成的負債。另外一種屬於其他負債，包括應該繳的水電費、房租等。正常情況下，在保險公司資產裡面，應該百分之八十至九十都是投資資產，應該用來保值、增值，不能自己去消耗它。因為保險公司的負債，百分之八十至百分之九十都是來自保單持有人，也就是說保險公司資金運用的主要資金來源就是收取保費，是對保單持有人的負債。此外，保險公司的資本金如果暫時是閒置的話，也應該用於投資增值。保險公司的償付能力不足時，發行次級債的收入也應該用於投資保值、增值，但閒置資本金、次級債都不可能是主要的投資來源，主要來源還是保費。

保險公司怎麼賺，為何賠

那麼資金運用的重要性主要體現在三個方面：第一，資金運用是保險公司利潤的重要來源，是提高保險公司競爭力的重要手段，也是風險防範的重要環節。保險公司非壽險業務的利潤，主要來自兩個部份：承保利潤及投資收益。非壽險業務，收入保費之後，減去賠款和費用支出，如果有剩餘的話就是承保利潤，如果沒有剩餘，就是承保虧損。投資收益也是一部份利潤，承保利潤加上投資收益就是非壽險業務的全部利潤。由於競爭激烈，承保利潤越來越少，甚至變為負。這便需要用資金運用的收益去彌補承保的虧損或者增加盈利。

其實早在二十世紀九〇年代市場競爭還不太激烈的時候，保險業就有一種說法：在國外，承保沒有什麼利潤，很多時候，好像略有虧損，都靠投資收益賺錢。隨即得出結論說保險公司主要靠投資賺錢，不是靠承保業務賺錢。其實這種說法也是錯誤的。保險公司當然希望利潤越多越好，投資收益越多越好，承保利潤也越多越好。但是由於市場競爭激烈，費率降到了臨界點，就沒有什麼承保利潤了，不是保險公司不願意要承保利潤，是競爭激烈使得承保利潤越來越少。當前情況也一樣。

壽險業務主要來自三個部份：死差異、利差異和費差異。死差異，是預定的死亡率，也就是生命表上的死亡率和保險所承保業務的實際死亡率的差異所帶來的利潤。死差異在保險利潤總額裡面佔的比重一般比較小，因為現在承擔死亡責任的保險產品，所收的保費比較少，所以死差異不會很大。

費差異是指預定費用率與實際費用開支的差額，這個一般也很小。相當多的公司費差是虧損的，也就是說當實際費用開支超過預定費用開支時就發生了費差損。有費差結餘的公司，一般都是大公司、老公司，業務有一定規模，固定成本可以攤薄。保險公司的固定成本有很多，比如辦公大樓的折舊費、高管人員的工資等，公司業務規模大，固定成本攤到每張保單上的數目就比較小，新公司、小公司業務規模小，固定成本就不能攤薄。

另外老公司的辦公樓買得早，成本也比較低。比如說中國人保、中國人壽，它們的辦公場地好多已經使用二十多年了。比如中國人壽的陸家嘴辦公樓，我印象裡二十世紀九〇年代初就有了。那時剛剛決定要開發浦東，當地給了很多優惠，價格很便宜。就算沒有任何優惠，當時的房價也是現在的好幾分之一，那時候買房，成本比較低，折舊費計入成本當然也就比較低了。現在新成立的公司，再買這樣一棟樓，價格起碼是那個時候的三四倍。所以說大公司、老公司業務規模大，成本相對低，費用有可能出現盈餘；新公司、小公司一般是費差損，就算是費用有盈餘，金額也不會很大。

既然死差異及費差異靠不住，利差異自然成為壽險公司主要的利潤來源，也就是資金運用收益率超過保單預定利率所帶來的收益。這是壽險公司利潤的主要來源，佔比比較大。

前文談到壽險保單的預定利率被長期限制在百分之二點五以下。就算保險公司的投資再不濟，平均資金運用收益率也將近百分之四，這樣一算利差異也不小，但實際上沒多少。萬能保險除了保證利率外，還有上浮，上浮部份叫結算利率，實際上是給被保險人的計息。保證利率是百分之二點五，結算利率可能是百分之三點五，根據實際回報可能更高一點，這樣下來利差異還有多少呢？那有人會問，為什麼保險公司要提高利率呢？不提高行不行？不提高，產品怎麼賣出去？客戶會說，銀行存款利率都到百分之五了，我買了你的保單，卻只保證百分之二點五利率，加上分紅能不能補到百分之四左右？如果不能，誰還買你的保單。所以說這幾年保險公司沒賺多少利差異，但利差異還是壽險公司的主要利潤來源。

對非壽險業務而言，如果資金運用收益利率比較高，可以降低收益保險費費率，或者提高手續費，以此來提高代理人的積極性，吸引更多的投保人，擴大業務來源。對於壽險業務，如果保險公司的資金收益利率提高的話，當然是增加了產品的競爭力。因為資金運用收益率提高了，就有更多的分紅，提高結算利率，投資連接產品的個人賬戶資產也會更快增值，自然競爭力就提高了。

不會破產的保險公司

其實資金運用也是防範風險非常重要的環節。一般而言，保險公司是不會因為它所承保的業務發生巨災而破產的。保險公司在這方面有專門的承保風險，對於如何處理風險有比較完善的手段。保險公司所承受的風險都有一定的規律性，用精算方法定價或大數法則能夠分散風險，令實際發生和預期發生相差比較小。商業保險公司的保險是自願的，保險公司對於沒有能力承擔的風險一般不保。比如說對於戰爭、核輻射、地震等有可能造成大規模損失的事件，會被保險公司列為除外責任而不保。如果非要保，得經過特別約定，才能決定保不保，一般情況下不自動列入保險條款。

汶川大地震損失巨大，直接經濟損失按照國家公佈的可能有八千多億元，那麼保險賠款多少？大概幾十億元，因為地震屬於除外責任。即使要保，也有專門的方法。例如會限制賠償責任，賠到多少以後就不再賠了。如果不這麼做，一次地震造成的損失可能會把保險公司多年的積累都搭進去。此外，還可以通過控制每個危險單位的保險金額來處理風險，必要時要辦理再保險。像美國的「911事件」，算是比較大的損失，但保險公司並不會因此破產，因為保單被拆分了。承保一棟大樓，要把樓分成很多小單位，分給很多家公司。如果整棟樓塌了，會有很多家保險公司共同賠款，但每家都只賠很少一部份。這是保險公司自有的一套控制風險的辦法，所以很少有保險公司由於承保業務發生巨災而破產。

保險公司破產多數是因為資金運用上發生了損失，因為資本市場沒有嚴格的規律可以把握，沒有人能知道哪一隻股票或者整個市場的指數會在什麼時候漲到什麼程度，在什麼時候跌到什麼程度。資本市場可能有一定大概的規律、趨勢可以看，但嚴格的規律可能根本沒有。不是我們不想掌握，而是可能根本沒有嚴格的規律。以黃金為例，中國大媽到香港地區旅遊覺得要買黃金保值，買了之後黃金反而降價了。中國大媽到香港地區旅遊為什麼要買黃金呢？想保值。但也可能不能保值。資本市場的風險往往是不受控制的。如果一家保險公司投資發生了損失，它的總資產將減少，但是負債不變，發生了保險事故該賠多少還得賠。資產減少了，負債不變，淨資產就減少了。淨資產減少是什麼意思呢？嚴重的時候，資產小於負債，就是沒有能力償還債務了。所以資金運用是保險監管的重點。

放寬的保險投資管道

我們回顧一下保險資金運用的歷史。很多事現在看來可能覺得很荒唐，不可思議，但當時保險公司的各個分公司、子公司，都在進行資金運用。一個縣級子公司，只要收了保費，就可以進行投資運用。二十世紀九〇年代初，我陪著領導到上海出差，就是因為當時某個縣公司搞的投資項目造成了很大損失。

所以二十世紀末之後，各保險公司的法人機構、分支機構一律不得進行資金運用。二〇〇四年以後，一些大的保險集團公司成立了資產管理公司，保險資金運用進一步專業化。因為保險業比較集中，大公司資產就比較多。比如保險行業總資產是八兆元左右，單中國人壽集團一家公司就有二萬多億元，這筆資金會通過資產管理公司運用。平安、太平洋、中國人保、中國再保險、新華、泰康、華泰這些大的公司也都有資產管理公司。現在整個保險業有十七家保險資產管理公司，保險資金運用餘額佔到了整個行業總資產的百分之九十以上，這有利於資金運用專業化，有利於提高資金收益率，有利於防範風險。

從存款、債券到不動產投資

那麼對於保險公司的資金運用，法律是怎麼規定的呢？應該說從文字形式上看，變化不大。最新的規定是這樣的，保險公司的資金運用限於下列形式：一、銀行存款；二、買賣債券、股票、證券投資基金份額等有價證券；三、投資不動產；四、國務院規定的其他資金運用形式：第四是個兜底條款，其實很多資金運用都在其他裡面。

保險資金運用管道是逐步分開的，二〇〇三年之前最保守，當時只限於銀行存款、國債、金融企業債權，我們稱為金融債券，也就是銀行等金融機構發的債券。從二〇〇三年開始，允許保險公司投資中央銀行票據。二〇〇四年三月，允許投資銀行次級定期債務。二〇〇四年是資金運用放開比較多的一年，後面還會講到。

二〇一二年七月以後，保監會陸續發了十三項有關資金運用的規定，關於某一問題一下發這麼多文件，歷史上比較少見。這些文件將資金運用的管道大幅度放開，取消了多項審批項目，保監會這個動作被稱為資金運用新政。在一個短時期內，密集地出台了這麼多新的規定，實際上就是把資金運用管道放開，減少審批。現行的保險資金運用管道有銀行存款、有價證券、不動產、未上市公司股權、金融衍生產品及其他金融產品。我們和國外同行交流到資金運用時，說的第一項都是銀行存款，國外的保險公司認為銀行存款不算投資，不算資金運用。大多數情況下，只會在錢需要周轉時，臨時存在銀行，他們並不認為這是一種資金運用形式。沒有一間國外保險公司說，將一部份錢存在銀行是去拿利息增值的，但這在中國的確是一種資金運用形式。

可能因為中國的銀行定期存款利率相對比較高，二〇一二年上半年時還超過百分之五，大額協議存款的年息將近百分之六。你做別的資金運用能不能得到這麼高的回報？還真難說。銀行存款包括定期存款，還有可進行利率上浮的定期存款。另外還有大額協議存款，這個是人民銀行批准的，保險公司總公司和銀行總行之間允許訂立的一種協議存款。它的利率可以高於人民銀行規定的利率，但是期限不能低於五年，每筆存款不能低於五千萬元。

有價證券比較常見，一類是政府債券，但是政府債券包括國債和地方政府債券，實際情況主要還是投資國債，地方政府債券基本沒人買，量很少。常見金融企業的債券，包括商業銀行、證券公司、保險公司國際開發機構發行的人民幣債券。

一般非金融企業的企業債券，包括有擔保的和無擔保的，都可以買，這個管道比較寬。有證券投資基金也有上市公司的股票，包括公開發行上市交易的股票和上市公司向特定對象非公開發行的股票，都可以買。

還有不動產投資，這個投資管道是二〇〇九年修改《保險法》的時候加上的。不動產投資可以搞什麼呢？一是基礎設施類的投資，比如港口、機場、高速公路等基礎設施。二是非基礎設施，比如商場、寫字樓。三是不動產相關的金融產品，比如可以包裝設計一個金融產品，但實際上最終把錢投到不動產上。四是可以參與保障房建設，太平洋保險就參加了上海市的保障房建設。解決民生問題，這當然是沒問題的，但是保險資金暫時不允許參與商品住宅開發，保障房可以，商品房不可以。其他不動產投資基本都可以。

投入股票市場及金融產品

投資上市公司股票方式有兩種：一種是直接投資，即入股；另外一種是通過股票投資基金，間接投資。投資沒有上市的公司股權，這兩種形式都可以。但如果想實現控股的話，則有一個限制，只能是保險類的金融企業和與保險業務相關的企業。如果不是這類企業的話，保險公司雖然可以直接投資，但是不能控股。因為如果保險公司控股一家和保險無關的、其他行業的企業，那就相當於保險公司自己經營了一家其他類企業。假設某保險公司購買了一間酒店，並由這家保險公司百分之一百控股，可是酒店和保險公司的業務經營從法律上講其實是分開的，但因為保險公司控股了酒店，所以實際上難以做到業務完全分開。這也是為什麼保險公司只能經營保險業務，不能經營別的業務。反過來亦然，也不能讓其他行業公司百分之一百控制、經營保險公司。

保險資金還可以用於購買保險資產管理產品，也就是保險資產管理公司發行的產品。前文說過，現在中國有十七家保險資產管理公司，這些保險管理資產公司的主要股東都是保險公司或者保險集團公司。這些保險資產管理公司，首先會受託管理本公司股東的保險資金。比如太平洋保險集團成立的太平洋資產管理公司，首先管理的肯定是太平洋集團的資產，此外它也可以發行資產管理產品，向其他保險公司銷售。和基金類似，這類產品也會說明其募集時間、募集規模、每個單位面值、產品期限，以及到期之後每個單位的價錢，再返給購買者。發行對象是其他保險集團公司、保險公司和其他保險資產管理公司。保險公司還可以投資於金融衍生產品，目前主要是兩種：股值期貨和利率互換。雖然法律上允許，但真正做的很少。

資金運用管道大幅度放開後，還允許保險基金投資於其他金融產品。這些金融產品包括商業銀行的理財產品，保險公司可以買；信貸資產支持證券，銀行業機構為了給某個企業貸款而發行的，保險公司可以買；集合資金信託計劃，信託公司發行的，保險公司可以買；證券公司為幫助資金運用根據需要發行的，為某一家或某些保險公司量身定制的資產管理計劃，保險公司也可以買。還有上文提到過的保險資產管理公司所發行的基礎設施投資計劃、不動產投資計劃、項目資產支持計劃等。

風險與監管

保險資金運用管道大幅度放開之後，可能會帶來新的風險，必須要加強監管。保險資金運用管道大幅度放開之後，可能帶來新的風險，必須要加強監管。保監會發的一般規範性文件叫通知決定，有三十餘件。而規格比較高的，如目前以保監會主席令發佈的關於制定有關資金運用的規定，則稱為規章。監管的措施主要是以下四類：一是對保險公司的內控機制提出要求；二是對保險公司投資能力進行備案管理；三是對資產發行機構提出要求；四是對保險公司的資產配置比例進行控制。

在對保險公司內控機制方面，保監會其實提出了很詳細的要求，要求保險公司都按照規定進行檢查。因為保險公司內部機制的健全，決策程序的互相制衡關係，是防止其被少數人操縱的最基本一點。一個幾億資產的公司，也會發生一兩個人把資金轉走，完全銷聲匿跡的事情，但只要有了健全的內控機制，就不太可能發生類似事件。即使是董事長也不行。要轉移資金，超過一定額度需要董事會授權，召開董事會決議。只要決策機制比較全：股東大會、董事會、監事會，每一層對資金的運用都履行它的職責，內部互相制衡，就有可能防範風險。

另外保監會也會考慮保險資產管理公司具體進行某類投資時應當具備的相應投資能力。所以保監會要對幾類投資能力進行管理，例如：股票投資能力，投資股票要有相應的投資能力；投資無擔保債券的能力，有擔保的債券不需要投資能力，因為最多只是收益比較低，但無擔保的債券風險比較大。有擔保，資金回不來的可能性就很小了。擔保一般由銀行提供，或者用自己的不動產資產進行擔保。

擔保比較充足有效的話，風險很小。銀行存款作為一種投資，也不需要投資能力，因為這個能力幾乎所有人都具備，不需要作為專門投資能力來進行管理。

需要管理的都是比較複雜的，如股票投資能力、無擔保債券投資能力、股權投資能力等。上市公司相對透明，資訊披露比較多，未上市公司，要評估它的股權價值，可能比較困難。不動產投資能力、基礎設施、投資計劃、產品創新能力、不動產計劃產品以及衍生品的運用能力等都要接受保監會評估。經過評估符合規定，則認為具備這個能力，保監會按照程序予以備案，公司就可以開展相應的投資活動。經過評估不具備這個投資能力，就不給予備案，不能開展這項投資活動。保監會對能力進行備案，不再對具體項目進行審批。

另外對資產發行機構也有要求，有很多詳細的規定。比如說保險公司可以把錢存到銀行，但對方銀行應該是資本充足、治理規範，最近三年沒有重大違規事故且連續三年信用評級在A級以上的才可以。一間很小的銀行，如果違規嚴重，資本不足，那就不能存入。如果它的資本金剛夠二億元，你存五十億元，那肯定不行；如果要買商業銀行發行的債券，這個商業銀行信用評級也應該在A以上，淨資產不低於一百億元，核心資本充足率不低於百分之六。如果該銀行達不到這個水準，那麼保險公司就不能購買該銀行發行的債券。諸如此類的規定還有很多。

最後是資產配置比例控制。保險業經常說，為了避免風險集中，不能把所有雞蛋放在同一個籃子裡，風險應該適當分散。保監會由此規定了各種資金運用項目佔總資產的比例，每個季度都會考核上個季度末的總資產，控制其佔比。例如銀行的活期存款、政府債券等短期流動性強的資金，應該不低於總資產的百分之五。金融機構發的債券，同一期購買單一品種不超過百分之四十。也就是說如果某金融機構這一期一共發了十億元企業債券，那麼一家保險公司購買此債券的金額不可以超過四億元（百分之四十）。所以不會出現一家金融機構發的債券被一家保險公司全部買走的情況，這也是幫助保險公司規避風險的方式。試想如果別人都不買，只有你買，那會不會有問題？但如果你只買了一部份，其他都賣出去了，風險則相對會比較小。

其他規定還包括：一家保險公司持有的無擔保企業債券總的餘額不能超過這家保險公司總資產的百分之五十，同時同一期發行的無擔保企業債券總量裡一家公司不能買超過百分之二十。投資同一發行人的企業債券，這一發行人可能同時發行有擔保的和無擔保的債券，發了好多期，那就沒關係，但同一期發行人發行的企業債券額度不能超過發行人淨資產的百分之二十。如果超過了，那保險公司就不能買了。因為怕還款有問題。類似規定多如牛毛，在此打住。

未來投資方向

目前保險業的資產結構大概是：銀行存款佔百分之三十；有價證券佔百分之六十，包括國債、金融企業債券、一般企業債券、證券投資基金股票等；剩下的百分之十是不動產、未上市公司股權和其他投資。有人認為不動產開放了會帶來很多投資機會，保險公司可能會因此大舉進入不動產市場，其實沒有，不動產佔的比例很小。

保險公司的資金收益率總體看比較低，起伏比較大。二〇〇九年比較高，達到百分之六點四一，二〇一〇年則不到百分之五，二〇一一年為百分之三點六，二〇一二年進一步降低到百分之三點三九。我看此數字的時候，也有點疑惑，二〇一二年能這麼低嗎？但二〇〇八年的時候還不到百分之二，更低。總體上保險資金收益率比較低，也不太穩定，這個和當時投資管道狹窄有很大關係。那麼現在資金運用管道已經很寬了，和國外相比，還有什麼是國外能做，我們也可以做的呢？可能有一項：抵押貸款。

國外保險公司是可以做抵押貸款的，就是對企業貸款，企業有抵押就可以貸款。你看國外的財務報告，日本的保險公司抵押貸款佔總資產的百分之十五至百分之二十，這個比率相當大，美國保險業抵押貸款只佔到總資產的百分之五至百分之十。但是中國目前還沒有這項業務。為什麼中國不放開，我認為是出於這麼一個想法：發放貸款是銀行的業務，既然銀行、證券、保險分業經營，業務範圍就要有一個邊界，貸款是銀行業務，所以保險公司不能做，因此沒有讓保險公司對外發放抵押貸款。但除了抵押貸款之外，我們能夠想到的，保險公司能夠做的，基本上已經全都放開了。

保險公司是資本市場裡的重要投資機構，資金運用的管道放寬有利於保險資產增值。保險資金運用管道大幅度放開以後，保險業資產的結構其實並沒有發生什麼明顯的變化．對於進入不太熟悉的領域、風險大的投資項目，保險公司還是相當謹慎的。這可能是因為以前保險公司受到嚴格管制，資金運用管道窄而且審批項目多，在這種管理體制下保險公司有很大的依賴性。現在一下子讓它自主去投資，給這麼多投資項目，到底哪個能投資？哪個不能？從經驗、人才各方面保險公司還都沒適應。

未來比較重要的課題，就是要研究各種資產的風險。如果資產結構真發生了很大變化，保險資產結構開始複雜化，不斷投資許多新東西，那麼這些資產的風險到底有多大？怎麼評估風險？如何在進行償付能力監管的情況下對資產價值進行計量確認？這可能是需要研究的重要課題。只有能夠對資產的風險進行比較準確的評估，才能對償付能力進行監管，才能有效控制保險公司的風險。

CHAPTER 10
最牛經濟難為股市另闢蹊徑

錢軍
上海交通大學上海高級金融學院金融學教授

引言

雖然金融學裡認為經濟增長快的國家，股市不一定最好，但比較之後，可以看到以中國如此高速的經濟增長，有這麼差的股市，好像差距稍微大了點。而隨著證券市場註冊制與轉板通道的打開，多層次資本市場與股權融資模式將漸漸實現。IPO註冊審核權將放開，是否預示著中國資本市場黃金十年的開啟？本章通過數據分析，聚焦股市風險、股票定價、公司上市過程、下市過程，以及關聯交易等問題，藉由追溯歷史，試圖解答中國股市被經濟增長遠遠拋離的原因。

到目前為止，中國的股市到底在經濟增長裡發揮了多大的作用？很難給出答案，甚至可以說，中國經濟增長到現在沒有受到股市太多的負面影響。中國的企業可以分成三塊：國企、上市公司（包括離岸國企），以及非上市非國企的企業，包括私營企業與地方政府參與的混合制企業。從工業生產總值的數據就可以非常明顯地看到推動中國經濟增長最大的不是國企和上市公司，而是非上市非國企的企業。從就業來看，現在超過三分之二中國勞動市場的勞動力，都在為非上市非國企的企業工作。

國際上通常認為，要想處理好一個國家的金融體系，前提是完善這個國家的法律體系。包括世界銀行對很多發展中國家進行援助時，也認為：一個國家要發展經濟，肯定要發展市場，要發展市場就要完善法律，因此要求被援助國家成立英美法律體系。中國經濟增長的奇蹟，表面上與西方傳統的經濟理論相悖，但是，與其說「中國儘管缺乏西式的制度，但是經濟表現還是很成功的」，我們更認為中國的經濟表現優越，恰恰是因為缺乏了西式的制度。非法律的爭議解決和合約執行機制在新興經濟體中扮演著非常重要的角色，在一些特定行業和經濟體系中相較於法律體系能帶來更大的好處。但講到股市，法律體系就變得非常重要。雖然在一些民間的融資管道裡，可能白紙黑字的合同不是那麼重要，但如果要想讓股市健康發展，監管、資訊披露等制度是非常重要的，建立完善的法律體系很有必要。

最牛的經濟

中國股市從一九九一年開始，剔除通膨，如果以一九九一年為基期是一的話，現在快到八了，也就是說中國經濟在這二十多年中增長了七倍。這個增長速度是非常快的，快到什麼程度呢？以其他國家做對比：金磚四國中，增長第二快的是印度，它在二十多年中從一增長到四左右，增長水準只是中國的一半左右；美國是發達國家，二十多年差不多翻了一倍左右；日本原地踏步；而俄羅斯的經濟增長速度並不快。

因為從一九九一年開始研究會有一些問題（這個問題我們在後文會談到），為了更準確地看經濟增長，我們選擇以二〇〇〇年作為基期來比較主要國家的實際GDP（見圖一）。二〇一二年，剔除通膨後，中國的經濟增長是二〇〇〇年的三倍以上，印度是二點三倍左右，俄羅斯是一點六倍左右，巴西是一點五倍，美國是一點二倍，日本基本原地踏步。在把模里西斯等原來很窮的極小國家剔除以後，即便以人均的增長來衡量，中國也是世界第一。

儘管現在中國有環境污染等很多問題，但僅從經濟增長速度來看，在全世界，中國經濟不管是總量增長還

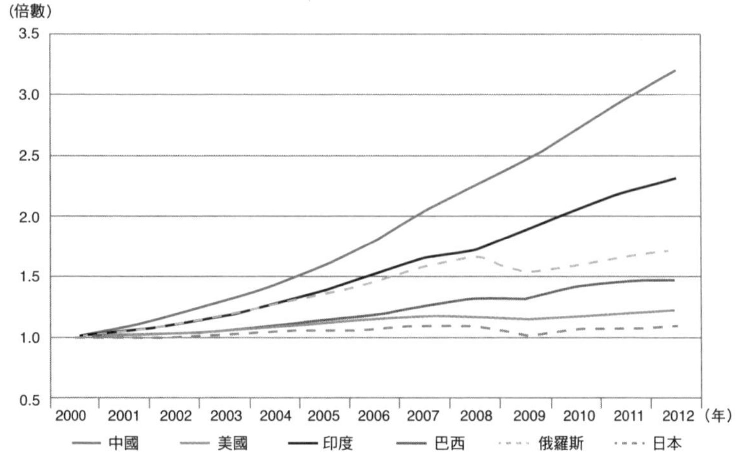

圖一：世界主要國家實際GDP的增長（二〇〇〇至二〇一二）

是人均增長速度，在這二十年絕對是最快的。

而從購買力來看中國的經濟增長，中國的經濟體量更令人吃驚。世界銀行用購買力平價（PPP）對各國的GDP進行了比較，曾指出中國在二〇一四年經濟規模將超過美國成為世界第一。這個結論引發了很多爭議，GDP的跨國比較在宏觀經濟學裡有很多學問，但不管怎麼算，中國經濟體量至少是世界第二，而且與美國的差距確實不大。

順著世界銀行的報告，按照每年百分之六的保守增長速度，再過二十年，中國的經濟體總量將會是美國的二倍，這是非常大的。

最熊的股市

但與此同時，中國卻呈現了全球最熊的股市。

一般而言，設立股市的首要目的是讓市場更合理地配置資源，其次是在幫助公司融資的同時，為投資者建立投資管道。當然這個過程中有人會賺很多的錢，但最重要的目的還是配置資源。可中國股市並非如此，它最初創立最大目的是促進國企的改革和融資，藉由上市來完成國企部份私有化。因此，從一開始，國企上市就比民企容易得多。

在這樣的設立目的下，中國股市從一開始就是扭曲的，而從股指的長期收益來看，中國股市的表現相當差。當然，所謂的長期收益有很多假設條件：第一，買了股票以後是長期持有，不做任何交易；第二，跟著股指走，指數裡面加什麼買什麼，去什麼賣什麼。

從圖二可以看到在剔除通膨和現金紅利的情況下各個國家主要股指的長期收益對比。

以二〇〇〇年為基期，剔除通膨和現金紅利後，二〇〇〇至二〇一二年年底，股指長期收益業績最好的是俄羅斯，第二是印度，第三是巴西，第四是美國。日本股市怎麼回事呢？如果在二〇〇〇年投資一日圓，長期持有到二〇一二年，剔除通膨以後，一日圓會變成零點七日圓。然而，日本的股市還不是最差的。從二〇〇〇年開始在中國股市投資一元，到二〇一二年年底，這一元投資在剔除通貨膨脹以後只剩下零點六六元。而即便考慮到二〇一〇年後中國股市慢慢開始支付的一些紅利，中國股指的長期收益仍然是最差的。

對比了其他投資方法後，中國股指的表現相對更差了。將股指長期收益與即期存款、一年期存款和五年期存款收益進行比較（見圖三），剔除通膨以後，即期存

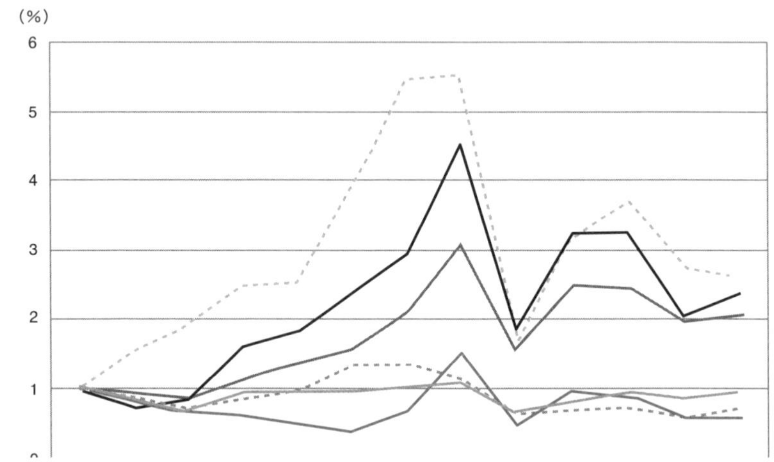

圖二：剔除通膨和紅利後股市長期收益比較（二〇〇〇至二〇一二）

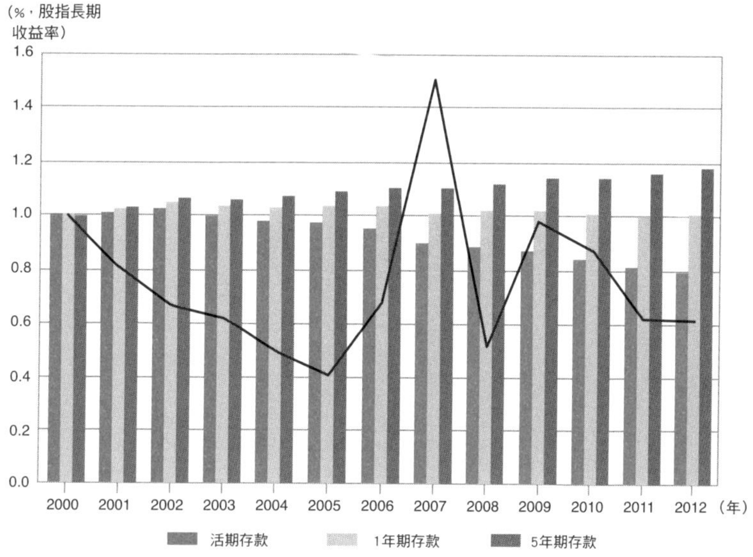

圖三：中國股市長期收益與銀行存款的比較

（二〇〇〇至二〇一二，剔除通膨）

款的收益基本是零或者為負；一年定期存款利率會高一點，到二〇一二年大概是一元變成一點零五元左右；存五年定期，剔除通膨以後，大概有一點二元左右，掙了零點二元。如果投資股市，剛才說過，一元變成零點六六元。也就是說在這十二年當中，股市的長期收益還沒有把錢放到銀行存即期存款多。因此，可以說中國的股市在過去十二年當中，業績確實是極差的。

之前提到的股指長期收益比較包含了中國所有上市公司，但在港交所、上交所和深交所上市的公司其實業績也有差別。從**圖四**可見，在上交所上市的公司最差，很多在上交所上市的都是大國企，而深交所因為有中小板和成長板，表現要好很多。

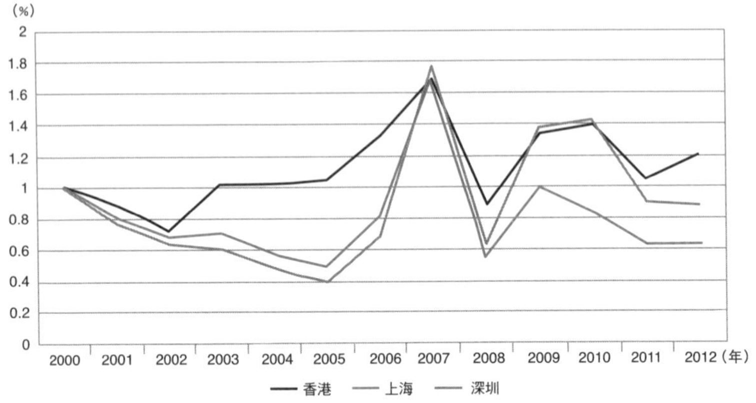

圖四：港交所、上交所和深交所購買持有收益率

（二〇〇〇至二〇一二）

中國股市低迷的原因有哪些

傳統的資產定價理論並沒有明確指出股市業績應該與GDP增長掛鉤，但看實證，美國的股市長期業績很明顯與GDP增長掛鉤，股市走在GDP前面，可以用美國今年的股市業績去預測明年的GDP增長。如果看標準普爾指數，平均每年的收益率基本上等於GDP的增長率加上上市公司紅利。

所以問題很簡單，作為經濟增長最快的國家，我們不指望它有一個最好的股市，但總得說得過去吧，中國經濟過去每年兩位數的增長，即使現在也維持在百分之七至百分之八，可為什麼中國股市業績這麼差？

哈佛大學安德魯・施萊弗（Andrei Shleifer）教授等人開創了法律金融學科，根據他們的觀點，要處理好金融體系，尤其是股市，最重要的就是要保護投資者，要完善相關法律體系。根據他們對全世界九十個國家股市發展情況的研究，對股市影響最有正面意義的有兩件事：一是及時準確的資訊披露，二則是要防止關聯交易，也不是說要做到完全制止關聯交易，但至少要讓關聯交易變得很困難，並懲罰牽涉關聯交易的人。這兩件事，中國股市明顯做得完全不夠。

中國股市低迷還有中國特色的原因，包括：國企和非國企的區別；上市和下市的過程與監管；傳統行業的產能過剩等。我想著重談上市和下市問題。

上市方面，目前中國上市過程中規章的制定和執行過程導致了很多增長型民企，如阿里巴巴、京東之類的企業不能在中國國內上市，因為它們達不到在中國上市的要求，因此必須得去海外上市。但是這些增長型的企業，上市時也許在虧錢，但是接下來可能會迅速增長。另一方面，有很多成熟型的公司，通過各種手段把自己裝扮得很好，達到了上市要求，但一上市就垮了，這也是造成中國股市業績這麼差的一大原因。

下市方面，大家都知道，中國公司基本上不下市。為什麼不下市？因為這個殼很有價值，我聽說上市公司的殼值六億人民幣，所以上市公司即使再爛也不會退，肯定會有投資者給他們注資。這也造成了壞的公司不能被淘汰的大問題。

到目前為止，中國股市在經濟增長中的作用不是最大的，但是在今後，其作用會越來越大：

第一，有很多的優秀民營企業和小微企業現在最大的問題是融資難，從銀行借款融資難，所以它們的發展一定要靠股市。

第二，目前嚴重的產能過剩怎麼解決呢？就是要行業集中，集中就是靠併購，而股市可以幫助上市公司通過發股票或者其他方式併購。

第三，有助於豐富投資手段。對於中國老百姓而言，除了房地產和股市，還能投什麼呢？尤其是考慮到房地產已經開始出現拐點，未來股市將成為重要的投資手段。

第四，將中國股市從低谷中拉回來，走向規範化、市場化，是當前金融體系最重要的任務之一。

因此，弄清中國股市低迷的原因，對症下藥非常有必要。

中國股市風險並不特別高

很多人說中國股市差，是不是因為風險很高？要比較股市的風險，一般用收益標準差來衡量。從**圖五**中，我們可以看到中國股市在這十二年間風險不算低，但也不算最高，而美國因為是成熟市場，所以風險是最低的。

諾貝爾經濟學獎得主威廉・夏普（William Sharpe）

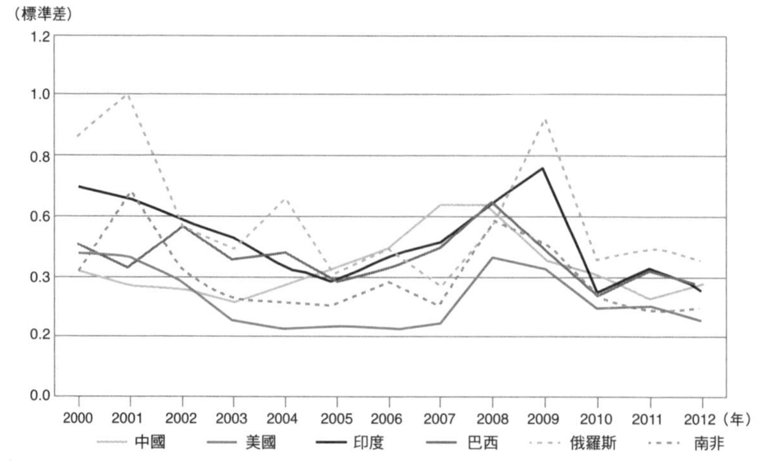

圖五：各國股市風險比較（收益的標準差）

根據CAPM理論㉔提出了衡量金融資產績效表現的夏普指數（Sharpe Ratio），將風險和收益結合起來，年收益除以收益的年方差，收益越高越好，風險越低越好。從圖六中，我們可以看到美國的股市表現最好，雖然收益不是最高，但是風險最低，而中國雖然風險很高，但從收益標準差來看，不能完全解釋股市業績這麼差。

中國股價並不低

股票定價怎麼算？一般看市盈率（PE），就是股價除以每股的盈利。如果是市盈率比較高的股票，通常認為比較貴，而市盈率高的這些公司一般來講是成長股。當年谷歌上市的時候，市盈率大概是八十倍，成熟型的公司市盈率會比較低，比如工商銀行市盈率在六至

㉔ CAPM 理論：即資本資產定價模式。為美國學者 Treynor、Sharpe、Lintner、Mossin 等人於一九六〇年代所發展出來，目的在協助投資人決定資本資產的價格。它描述的是，在證券的供需達到均衡時，證券市場風險（系統性風險）與個別資產預期報酬率之間的線性關係，即它是衡量一支股票或長期債券的預期報酬率的決定，如何受到證券市場風險的影響。

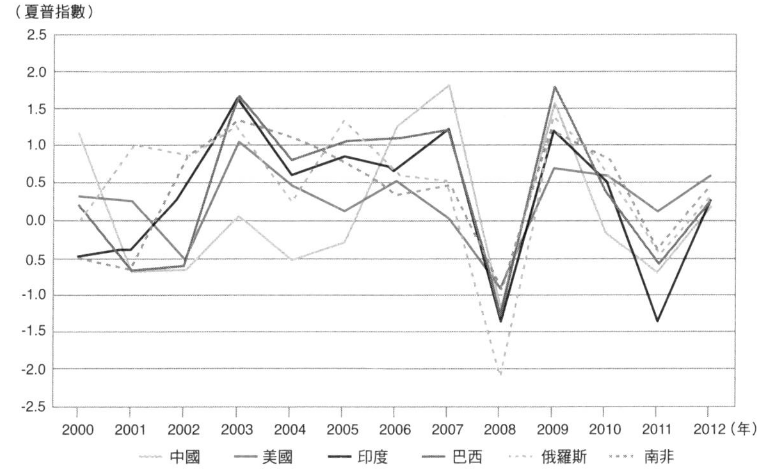

圖六：各國夏普指數

七倍。比較中國、美國和其他幾個金磚國家十二年來的加權平均市盈率，可知中國上市公司的市盈率比別的國家要高，比如美國大概是二十倍，中國大概有二十五倍。也就是說，中國公司的股票不一定便宜，相比美國二十倍的平均市盈率，投資者更願意投資美國股市，因為美國公司的業績非常好。

還有一個比較相似的指標是上市公司的市值和賬面價值的比例，即平均市淨率。因為單看市盈率不準，盈利很小或是公司在虧損的時候都不能算市盈率。這時就可以用總市值除以總的賬面價來計算。如果這個倍數很高，那說明公司的價格比較高。數據顯示，中國上市公司的平均市淨率為二倍，也不算低，跟美國公司差不多。

中國上市公司的業績很差

業績方面，用得最多的指標就是資產回報率（ROA）。數據告訴我們，中國上市公司總體資產回報率不高，比別的金磚國家差遠了，而之所以和美國的差距並沒有拉開，是因為美國公司每年會發放非常多的紅利。而且美國公司股價一低，公司就會立刻回購。回購就是為了給股東錢。正是由於這些現金流出，導致美國上市公司資產回報率在最近幾年沒有中國公司高，但其業績和中國的上市公司比卻有天壤之別。

中國公司上市後業績會斷崖式下滑

圖七對比了美國和金磚五國上市公司上市前後十年的資產回報率。從圖中我們可以看到，美國公

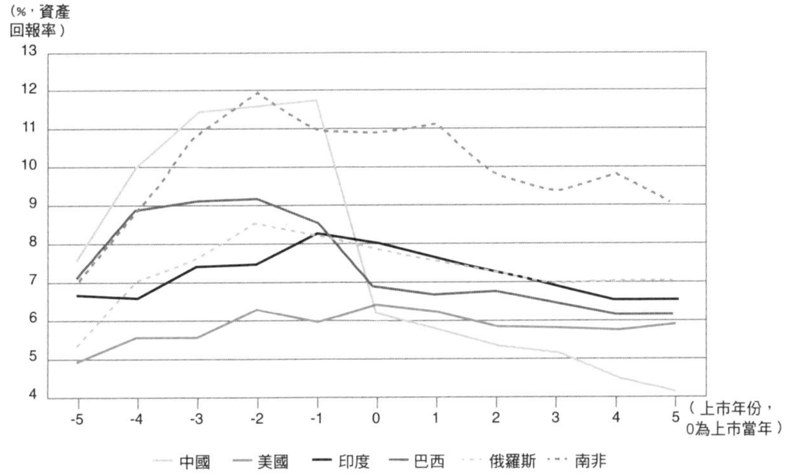

圖七：美國和金磚五國上市公司前後十年的資產回報率比較

司業績最好的時候是上市年，為什麼？美國公司上市不需要美國證監會審批通過，公司只要備案，進行資訊披露，之後就是市場決定。也就是說這個公司哪怕現在虧很多錢，但只要很多投資人願意買你的股票，投行願意投資，公司就可以上市。但如何增加投資者對股票的需求？一般來講，在美國上市要找準時機：首先最好選牛市，熊市很難上市；其次最好選擇行業處於牛市的階段；最後就是選公司資產回報率最好的時候。因此，美國公司基本上是上市年業績最突出。總體來看，美國上市公司上市前後十年的業績，資產回報率是上升之後再下降。金磚國家也都有類似的跡象，公司在上完市以後業績會下降。

但中國上市公司的奇特之處是上市後業績會斷崖式下滑。上市以前，美國公司平均資產回報率是百分之六點五左右，上市之後下降到百分之五至百分之五點五；而中國公司在上市以前業績非常好，資產回報率都在百分之十以上，然後最高點大概出現在上市前的一年，一旦上市後，業績就斷崖式下滑，到第二年的時候，資產回報率大概只有不到百分之五了，而且隨著時間推移，還會進一步下滑。

我們再來進一步比較中國上市公司和非上市公司的業績。**圖八**中的虛線是我們在數據庫裡找到的一家同行業的非上市公司的業績。從圖中，我們可以看到上市公司在上市以前的業績跟同行業非上市公司比沒有什麼顯著差別，而上市公司上市完以後，ROA從最高點掉了下來，而非上市公司則基本上沒有變化。也就是說，上市公司在上市前跟非上市公司保持幾乎一致的業績水準，但上市後它的業績卻掉了一半。

所以，中國的上市公司非常有問題。問題之一就是我們人為地設了一道檻，這道檻在二十世紀九〇年代初設得很有道理，因為怕魚龍混雜。但現在二十多年過去了，市場已經很成熟了，只要政府把資訊披露搞準了，只要投資者覺得上市公司披露出來的資訊絕大部份是正確的，那麼市場完全有能力分辨哪些公司以後有增長的空間，哪些

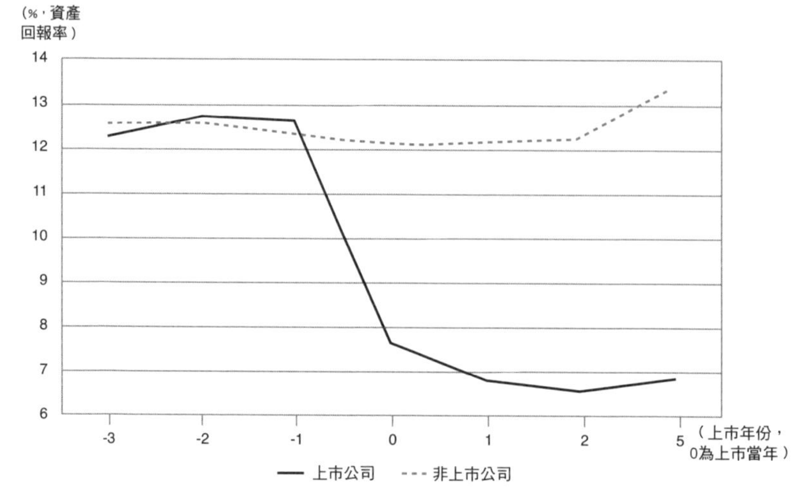

圖八：中國上市與非上市公司業績比較

公司沒有。而一旦設立高門檻，很多成長型的公司自然被拒之門外，只有比較成熟的公司才能上市。

再看上市以後業績下滑的問題，其中有很多原因：第一是數據造假，第二是很多公司不一定數據造假，但為了達到上市的高標準，耗盡了所有的人力物力去提高上市前兩年的業績，在上市後沒有後勁了，業績完全下滑。

也有人認為上市公司業績之所以下滑得如此厲害，是受之前中國經濟的泡沫所致，為此，我們來看中國上市公司按上市年份的比較。在**圖九**中，黑色代表所有的上市公司，灰色是不上市的公司，棕色是在二〇〇四至二〇〇六年（泡沫前幾年）上市的公司。我們可以看到，中國公司上市以後業績均有下滑，但是下滑最厲害的是二〇〇四至二〇〇六年上市的公司，這些公司在牛市上市，但上市之後泡沫破滅，它們的業績便大幅下滑，可能它們的體量也比較大，所以把整個股市拖了下來。因此，中國經濟泡沫和上市

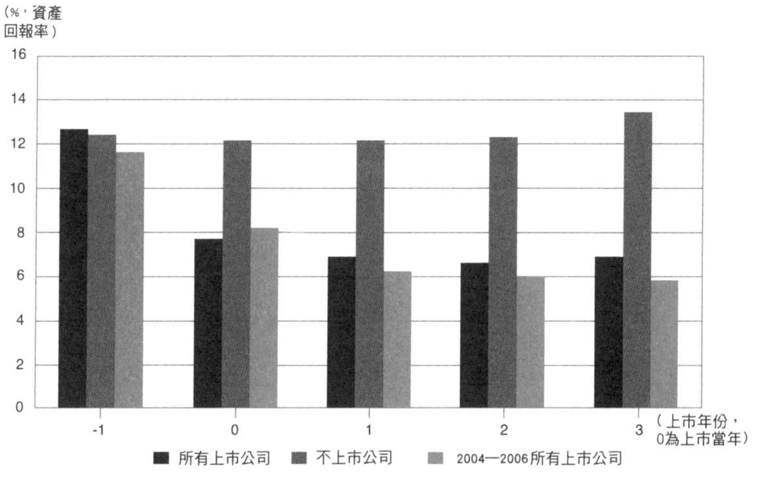

圖九：中國上市公司按上市年份的比較

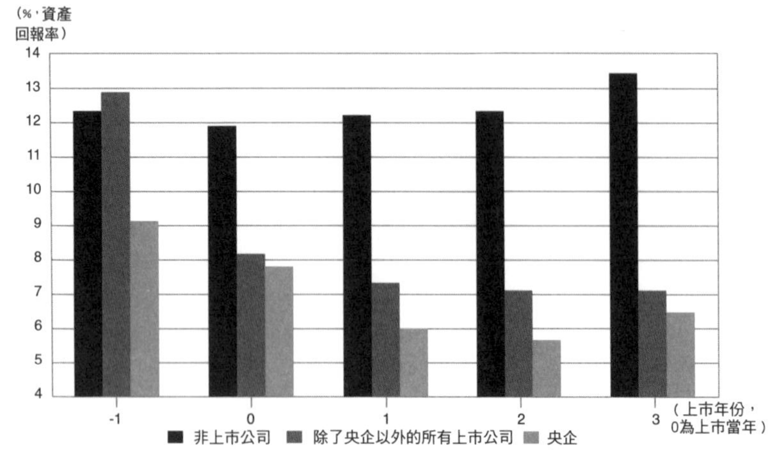

圖十：非上市公司、央企、非央企上市公司比較

公司業績下滑也有一些關聯。

央企上市公司業績下滑更厲害

在**圖十**中，我把上市公司分成國企和非國企。國企又細分為央企和非央企，圖中棕色是央企，黑色是非上市公司，灰色是除了央企以外的所有上市公司。我們可以看到，非上市公司的業績很穩定，除了央企以外的所有上市公司的業績有下滑，但央企公司比不是央企的上市公司業績下滑得更厲害。問題非常大。

中國對ST公司處理過於寬容

中國上市公司裡極少有下市的，但有很多ST公司[25]，我把中國股市裡戴上ST帽子的公司跟別的國家下市的公司進行了比較，發現中國對ST公司的處理太過寬容了。

以**圖十一**來做說明，假設上市公司在零年戴上ST帽子（比如二〇〇八年公司被戴上ST，那麼二〇〇八年就是零年），再看上市公司業績下滑到多大程度會被ST。

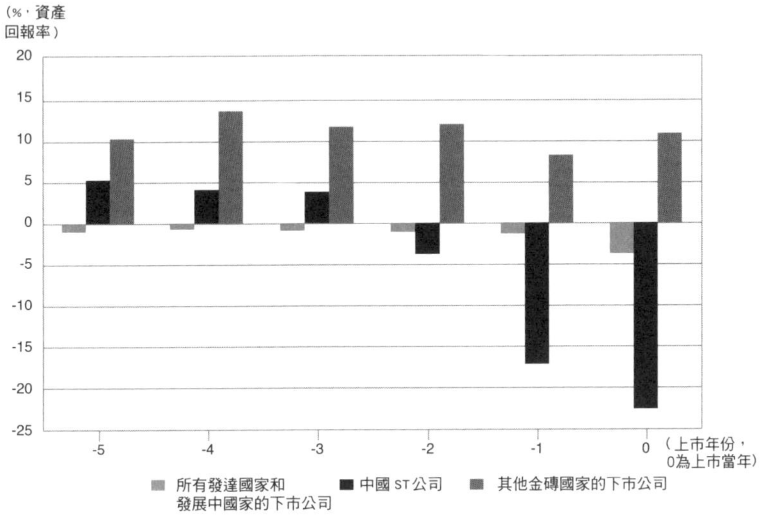

圖十一：中國ST公司和其他國家下市公司比較

圖十一中棕色表示所有發達國家和發展中國家的下市公司，灰色是其他金磚國家的下市公司，黑色是中國的情況。對其他金磚國家而言，公司資產回報率在零年的時候還有百分之十左右，但就是這些資產回報率為正的公司，卻在印度、巴西、俄羅斯這些國家被下市；從所有國家來看，被下市公司在下市以前資產回報率虧百分之二至百分之三；但中國的ST公司，業績從百分之五跌到百分之二十，下滑的程度遠遠大於別的國家公司被下市以前。這清晰地說明了中國對ST公司的處理太過寬容，其他國家資產回報率到負百分之二就被下市了，在我們國家到了負百分之二十多，還有很多的重組。

換言之，中國上市公司在上市時被扭曲監管，然後下市淘汰時又太寬容它，這個股市一定有大問題。

㉕ ST公司：ST: Special Treatment之縮寫，意指特別處理，係大陸針對財務狀況出現問題或有其他異常狀況的上市公司所作的特別監管，該政策自一九九八年四月開始實施。

上市公司被大股東掏空？

對於中國股市的差業績，還有一種說法認為是由於上市公司被大股東掏空所致。我們的研究對此說法還不能下確定的結論，在此只提出一些建議性的意見。

圖十二比較了中美上市公司上市後現金存量情況。在圖中，零年就是上市的那一年，上市開始往後走五年，看現金佔賬面資產的比重，我們能發現中國上市公司在上市那一年的現金存量還是很多的，佔賬面資產的百分之二十七左右，但五年後，百分之二十七下降到百分之十四。美國上市公司的現金存量也是下降的，但是下降的幅度沒有中國上市公司那麼大，五年內從百分之十八下降到百分之十三左右。

一個很重要的問題是，錢到哪兒去了？答案是投資去了。從**圖十三**中可以看到中美上市公司長期投資的比較。上市前五年，美國公司每年大概用賬面資產的百分之八左右來做長期投資，到了上市三年以後還是百分

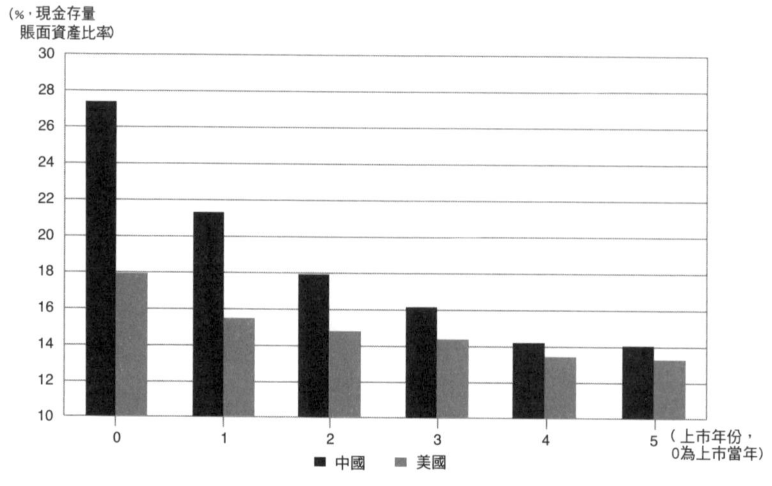

圖十二：中美上市公司上市後現金存量比較

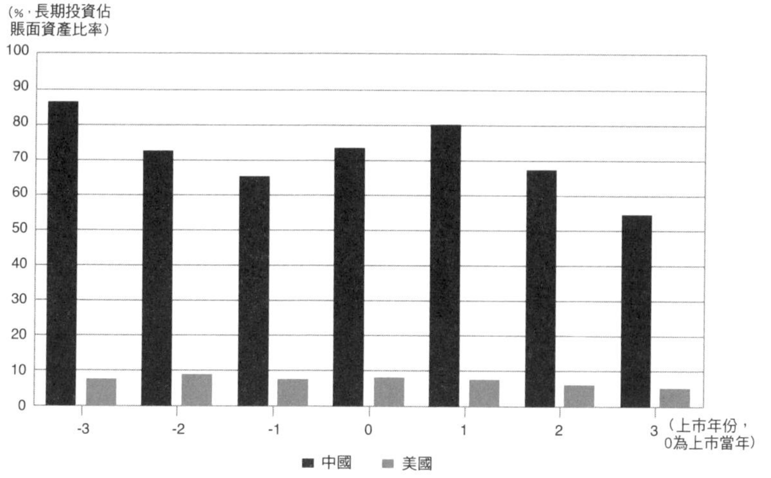

圖十三：中美上市公司上市前後長期投資比較

之五左右，依然很穩定。再來看中國，中國公司在上市前到上市這段期間，投資佔比高達百分之八十，可見中國上市公司有多拚命地在投資。

很多人看後會有兩種反應：一種是這麼多的投資，一定是因為好投資機會特別多，所以要拚命投；第二種反應是真有這麼多好的投資機會嗎？不一定吧，為什麼投那麼多錢呢？這其中有多少是大股東圈錢，誰也說不準。

大致來看，美國公司在上市前後，投資量比較穩定，在百分之八左右，收益率和整個資產回報率，也比較穩定，中國公司在上市之前是瘋狂投資，資產回報率比較高，但是上市以後繼續瘋狂投資，資產回報率大大下降，現金的持有量下降很多。

A股如何走出低迷

雖然金融學認為經濟增長快的國家，股市不一定最好，但比較之後，可以看到以中國如此高速的經濟增長，有這麼差的股市，差距稍微大了點，這是一個很重要也很有趣的問題。通過前文的數據分析，發現股市風險、股票定價等因素並不能完全解釋這個問題，因此我們重點關注了上市過程、下市過程以及關聯交易。

中國公司上市以後業績斷崖式下滑，其中上市門檻是很重要的原因。公司有了這個門檻以後就要拚盡全力把業績做好，上市完後，就沒力了，就像高考考完後人沒有精力一樣。上市完以後沒有力氣了，哪來的財富？所以上市過程是一個非常大的問題。

下市的過程也不完善，沒有退出機制，很多完全應該下市的企業沒有下市，這樣的話對不好的公司懲罰不夠，公司就沒必要把業績做好。尤其是在戴了ST帽子以後，只要有人繼續支持，公司照樣可以維持下去。這也是一個很大的問題。

最後就是治理，在治理方面，我們的證據還不大夠，可以看到公司上市後現金量很多、投資量很大，但是我還不能確定這個錢流到哪兒去了。

總的來說，要關注上市、下市以及治理。只有合理化上市和下市的過程，提高資訊的真實性、可靠性，才能從根本上幫助A股健康發展。

CHAPTER 11
線上交易，個人資訊流向何處

王曉蕾
（中國人民銀行徵信中心副主任）

引言

互聯網＋概念熱議，在這個互聯網金融遍地開花的年代，大數據將如何整合，個人資訊與信用將如何呈現？本章從互聯網金融本質談起，以最新數據解析互聯網金融產生的個人資訊及信用評級問題。同時，提出它在面對資訊公開、使用與隱私保護方面的挑戰，以及法律和政策上的宏觀風險、資訊管理上的微觀風險。

在談互聯網金融的時候，首先要弄清金融的本質。本質上，金融是融通資金和借貸交易，所以核心永遠離不開風險管理，對於互聯網金融來說也是一樣，離不開風險的識別判斷、評估和管理，本章要討論的核心，是貸款的各種互聯網形式，而不僅僅是把互聯網作為一種支付工具。

互聯網金融的本質

怎麼看互聯網金融？我認為互聯網是一種工具。各種形態的互聯網金融，按照其工具作用的不同，可以分為三類：第一類是把互聯網作為一種管道，最常見就是網上銀行，網銀把很多現場的實物服務搬到互聯網上，一些銀行朋友告訴我，他們銀行百分之八十至百分之九十的業務都已經通過網銀進行，這個數字確實嚇我一大跳。

第二類把互聯網作為一種資訊搜集的工具，比如銀行和電商的合作，電商平台掌握了一些別人所沒有擁有的資訊，而這些資訊可能有助於銀行瞭解、分析判斷商戶的經營狀況，從貸款角度來講，我認為這是最重要的資訊。

第三類互聯網所起的就是中介作用，具體表現為把具有貸款需求和具有資金供給能力的雙方結合起來，也就是P2P。

但是，對於阿里巴巴金融也好，對於P2P貸款也好，有一點是永遠也不能夠消失的，就是必須去判斷一個人身份是真是假，搜集資訊去分析他的信用風險，對他的信用風險做出判斷，最終決定是不是貸款，以及貸多少。對於**P2P**來說，它的資訊可以來自阿里巴巴金融，也可以從公共互聯網採集，更可以通過其他方式採集。

互聯網金融的創新性

互聯網金融的創新性在哪裡？它記錄了沒有互聯網時基本上不可能記錄的資訊。之前，有很多的行為和相關資訊基本上不可能被記錄，但當你把生活、生產交易活動搬到互聯網上後，所有的行為都是有據可查的，都是可以被互聯網記錄下的，這一點對於現在所謂的小微企業來講更是這樣。

對於小微企業來說，它不可能像大企業一樣建立完善的會計制度，按照標準記錄財務狀況等。對外界來說，小微企業的生產經營活動是不透明的，但當銀行貸款時又必須瞭解這些情況。在傳統的放貸模式下，銀行對小微企業資訊挖掘的成本巨大而同時收益相對較小，所以銀行也沒有積極性貸款給小微企業。但是如果當這些小微企業把它們的行為放上互聯網，互聯網記錄的生產經營狀況可能比業主自己腦子裡的情況還要清楚，這是互聯網帶給信貸市場最根本的變革。

因此，現在有很多銀行建立電商平台。其實，銀行在很多年前就已經開始了這個行動。以我瞭解的一家股份制銀行為例，它的系統連著某家機票代理商系統，這家銀行已經做到不需要機票代理商提出貸款數額，就可以告訴這家機票代理商它需要多少錢。所以，互聯網帶給信貸市場的一個很重要的變革和貢獻，就是把以前不可能記錄的資訊記錄下來，這樣使得放貸人或者是從事風險評估的人，具備了足夠的資訊去分析貸款者的風險，瞭解他的經營狀態，從而更精準地預測風險。所以，世界瞬間變小了，創造出了網路的熟人社會。

這裡跟大家分享一下我的經歷，通過這個經歷，大家可以想想金融的起點是什麼。

網路的熟人社會

一九九七年，我被人民銀行派到國際貨幣基金組織做助理，我是如何拿到第一張信用卡的？對於美國那麼發達的金融系統來說，我這個外來人是陌生人，誰願意給我第一筆授信？是世界銀行和國際貨幣基金組織的信用社：信用社就在我上班大樓的地下一層，我作為一名新員工加入國際貨幣基金組織以後，電話單有了我的名字，辦公室有了我的分機號碼。而在半年以後，我就收到花旗銀行等一堆銀行發給我的信用卡。

事實上，當信用社發給我信用卡以後，我開始有了信用紀錄，我每月的消費以及還款情況都會報給美國徵信局。一個陌生人在過去六個月內要在美國有足夠的信用歷史，美國的評分公司才能對你評分，六個月後，對美國金融系統而言，我就從陌生人變成了熟人，所以美國金融機構會主動發卡給我，主動給我授信。

即便金融體系再發達，當一個陌生人進入這個系統時，領陌生人進門的還是小小的社區關係和人脈。對美國來說，尤其是美國公民，十六歲時由父母親擔保有了第一張信用卡，從此就能通過徵信體系變成美國金融系統的熟人。但是中國是這樣嗎？不是。中國現在有十四億人口，徵信系統有八億人的紀錄，但這八億人中，只有不到三億人有過房貸、信用卡或者其他形式的貸款，換句話說，對於中國金融系統而言，其他的十一億人基本上是陌生人。

現在徵信中心正在跟美國一家公司合作開發中國的個人信用評分系統。如果按照美國的原則，只有過去半年有過信用紀錄的人才給評分，那麼中國連一億多一點人都不到。後來我說，在中國就要按照中國的情況辦，要把信用紀錄時間往前推，不是過去半年，是過去兩年只要跟銀行有過信貸活動的人，都要給他評分。這就是目前中國金融體系面臨的一個挑戰。撫心自問，當一個陌生人站在你面前問你要錢的時候，你敢給嗎？對金融系統來說也是一樣。所以在這種情況下，招商銀行有了掃大街式的信貸方式，小微企業貸款就是雇一幫年輕人滿大街蹓躂去瞭解那些小商戶。瞭解每一個人、每家小商戶，在這個問題上沒有捷徑可以走。在金融機構完成放貸以後，它們會向徵信中心上報數據，徵信中心把這些數據存起來，建立信用檔案，像一張經濟身份證，讓你變成整個金融系統的熟人。

互聯網的作用是什麼？就是金融機構再也不用派員工「掃大街」，而是把全部商戶搬到網路平台上，商戶的一舉一動都能在網路上留下痕跡，變成熟人社會。整個中國金融業面臨的一大挑戰，就是如何把徵信系統裡沒有信貸紀錄和信用紀錄的幾億人，從陌生人變成金融系統熟悉的人。小微企業信貸在任何國家都是一個難題，中國即便是跟一些發展中國家相比，能夠享受融資服務的人仍只佔很小比例。我為什麼說互聯網金融確實對中國金融體系有很大的促進作用，一個是阿里金融，它告訴人們通過互聯網可以解決小企業貸前調查成本高的問題；第二個是**P2P**，**P2P**在我看來是對壟斷金融體系的一個非常好的衝擊。所以這些新的融資方式是互聯網帶給金融體系的創新。

互聯網金融面臨的挑戰

互聯網金融也面臨很大的挑戰，這個挑戰來自於哪裡？我認為第一個挑戰是沒有資訊，第二個挑戰是有資訊，但是資訊能這樣用嗎？

資訊怎能隨意採集

對於第一個挑戰，有人說我們可以看借款人在互聯網上的公開資訊，比如微博、微信朋友圈紀錄等，但公開資訊都是街談巷議，並不能確認。實踐中，我也確實看到有公司基於微博、微信等資訊整合出某個特定人的情況，但這能說明什麼問題？儘管大數據相關的研究證明，如果一個人的好朋友信用良好的話，那麼他信用也好的概率更大，但為了考察我的信用基本情況，就要去查我朋友的信用情況嗎？

中國的很多金融創新都是從國外仿製再合中國國情，根據國外對個人消費資訊的研究，將更多支付資訊整合到徵信系統資訊後，確實能大大提升對這個人未來還款違約情況的預測準確率。比如說，王曉蕾以前經常在百盛消費，所有日雜用品都在百盛底下的超市買，去百盛消費意味著一個字「貴」；突然有一天你發現，王曉蕾不到百盛的京客隆買日用雜貨了，衣服都跑去秀水街買了，那大概是她的經濟狀況發生問題了。

但是，消費者在支付的時候，同意負責支付機構採集他的資訊，目的只有一個，就是完成支付行為，並不是說要讓機構去考量他是不是未來有還款能力。而且，中國國內第三方支付割斷了客戶和銀行之間的聯繫，客戶的很多消費資訊都落在了第三方支付平台上，銀行沒有，這是第一點。

別讓數據遮蔽了常識

第二點，我覺得可以應用法律上的犯罪動機一說，我有犯罪動機和衝動，有一千個甚至一萬個理由殺人，但是我沒殺人、沒犯罪，法律能制裁我嗎？信貸市場也一樣：以前每個月要去加油站消費一定金額，現在這筆消費沒有了；以前都是在百盛超市買東西，現在不是了。能由此判定這個人的經濟狀況發生了很大變化嗎？銀行需要開始採取措施——電話、短信不斷提醒顧客這個月欠的錢哪天要還嗎？這種風險管理加強措施合理嗎？有沒有考慮過這種可能：加油站消費行為的變化在於綠色出行——坐車改為走路；不去百盛買東西，可能是顧客開始認為百盛的東西不比家樂福的東西好。如果所有能夠搜集到的資訊不問青紅皂白，都用來為評估風險服務，這樣做是不是合理？數據是有價值的，是生產力，但是數據一定要有使用的規則。

從微觀角度而言，借鑒徵信理念，我認為數據要有規則使用：第一，採集數據首先要明確目的，對於徵信系統來說，目的就是為了評估借款人的信用風險和未來還款性。

第二，在這個目的之下有一個適當性原則，也就是說採集的資訊是不是有助於實現預定的目的，是不是必需的。這個原則一方面涉及倫理道德，另外一方面從商業上講，也不是數據越多就越好。

P2P頭上的達摩克利斯之劍

拿P2P來說，我很擔心它的信用風險管理。因為我太瞭解中國金融市場環境，所以我對純粹的互聯網線上資訊表示深度懷疑：第一，身份怎麼確認？通過公安身份證聯網核查，這個系統只能確認所輸入的身份證號碼是否存在；通過當地社保局，能夠知道這個人的工作單位（可以查詢到誰給他交社保、公積金等），但這也有限；還可以從全國兩千多家法院中搜索到申請人的訴訟資訊，但法院的判決是不公開的。類似資訊都不是制度化的，所以不能可靠地一直使用，有地域限制。我的風控理念比較傳統，在我看來，在今天的中國，不可能通過網上資訊來判定是否放款給個人。因此，實際上很多P2P公司別無選擇，自然而然還要在線下做風控，一定程度上，P2P公司的業務擴張速度也受到了限制。

P2P另外一個風險就是宏觀風險。從目前的法律框架來看，非法集資罪名是懸在所有網貸平台頭上的達摩克利斯之劍，而且，在對投資者資金的管理上，P2P公司也和早期股票市場的券商一樣，存在著類似挪用客戶保證金的風險。但原來解決證券市場上券商挪用客戶保證金的方案，在P2P平台不能完全套用。因為在證券市場上，交易結算的指令應該由證券交易系統發出，不會造假，但是P2P平台難說。所以，核心一點就是要讓P2P平台的經營管理者沒辦法動用投資人的錢，這個問題目前確實尚未解決，所以也發生過很多起P2P公司高層捲款跑了的事件。從這個意義上講，宏觀風險是存在的。

還有一種P2P平台放了貸款以後打包出售，接下來的問題是「一女多嫁」。很多人會問：到底放了多少貸款？又買了多少理財產品？兩項金額是不是匹配？這個問題我認為也能解決，但需要大家一起去努力。

在這兩個問題的解決過程中，都有效率和安全性問題：如果說資金事先放在一個賬戶裡的話，像交易所那樣資金匹配就能到賬，這樣效率高，但安全性差；如果採取另外一個辦法，出資人還要介入交易過程，銀行在撥款之前發短信給出資人，出資人確認以後，錢才能付，這樣損失掉的是交易效率，但提高了安全性。是否可行，業界還在研究。對我來說，發展**P2P**不是為了解決普惠金融，如果認為這是投資機會，大家就要認真賺錢。我經常開玩笑，為了推動這個行業的健康發展，**P2P**公司首先要證明自己是一個正兒八經的生意人。

整體來說，首先我認為互聯網是一種工具，目前這種工具幫助解決金融問題：一方面是管道作用；第二方面是成為一種獨特的、以前無法控制的無法獲得的資訊來源；第三是中介作用，把借方和貸方融合在一起。在這裡面我尤其看重第二和第三種功能，但是對於創新性，對於中國未來金融行業的影響來說，我認為第三種影響是巨大的，確實可以打破目前正規金融機構對金融業務的壟斷，同時也迫使正規金融機構往下看。

徵信系統簡介

接下來介紹一下徵信系統。徵信系統從二〇〇四年建成到今天，銀行對這個系統的使用已經是天翻地覆，但即便是業內人士，真正查過自己信用報告[26]的人卻不多。

一個人玩兒的資訊不叫徵信

跟一般系統相比，徵信系統的一大特點在於共享。共享是什麼含義？共享一定是有著相同性質、但都不完整的資訊，放在一起，構成一個比較完整的關於某個主體的狀況。比如工商銀行和招商銀行都有我的信用卡資訊，但它們誰都不全，通過徵信系統這個平台，它們就能瞭解我的信用情況。

政府部門之間如果談到共享，除了協助之外，行政執法資訊的資訊性質是一樣的。包括政府授予的一些許可：比如工商登記許可；還有政府做出的所有行政處罰，它們在資訊本質上是一樣的。一旦共享，就能夠把所有執法部門對某個企業所採取的行動放在一起，自然知道這個企業的全貌。

那貸前調查叫徵信嗎？現在有些機構說我們成立徵信部門，而幹的事情實際上是貸前調查，這種貸前調查，所有銀行在央行建系統之前都在做。徵信這個詞在英文裡面最貼切，是指從放貸人處採集資訊形成信用報告。所以銀行做的貸前調查不叫徵信。

人民銀行的徵信系統很明確，是要看這個人未來兩年的違約概率。做這個事情對我來說也是一個挑戰：評分準不準？銀行用不用？銀行用了以後是賺錢還是賠錢？都打不得一點馬虎眼兒。

此外，社會上還有一些平台也在自己做徵信，但這些平台首先要明確自己評的到底是什麼。一個

[26] 個人信用報告是徵信機構出具的記錄你過去信用資訊的檔案，是個人的「經濟身份證」，它可以證明你的交易夥伴，瞭解你的信用狀況，方便你達成經濟金融交易。

商戶在一個電商平台上的表現，多大程度上能夠代表這個人真正的表現？因為除了該平台之外，這個商戶可能在其他平台也有作為。為了緩解這種資訊的局部性，深圳市政府曾打算讓當地一家機構出面做小額貸款公司之間的徵信平台，但其中一家小額貸款公司就表示不信任平台，因為平台本身也投了一家小額貸款公司，這裡面是有利益衝突的。放貸人申請成立徵信機構，至少有一個前置條件：他得先團結十家、一百家甚至更多家，一個人玩的資訊採集不叫徵信。

政府資訊公開之痛

說到政府公開，這是我心頭一塊大石。二〇〇四年人民銀行建立徵信系統以後，從二〇〇五年開始我們跟銀行一起探討其貸款時需要的資訊，經過對銀行反饋資訊的分類，它們需要的第一是登記類資訊，是政府在履行行政管理過程中產生的資訊，這些行政管理是法定的，對於一家工商企業來說，只有登記以後，它在法律上才算成立，這類資訊叫登記註冊資訊。除了登記註冊資訊之外，其他登記資訊還有房屋產權、土地、林地等。

第二大類資訊跟主體社會有關係，也就是包括許可和處罰的行政執法資訊。說實在的，這類資訊應該公開。我從二〇〇五年開始，每天拎個包幹勁十足，一家一家去政府部門拜訪，詢問能不能把他們擁有的行政執法資訊錄入我們的徵信系統。但所有政府公佈的各種「辦法」裡，沒有一個說這些政府資訊應該公開，包括法律判決。有些部門說，我願意把行政處罰資訊都公開，但有一些機構是不敢的。我曾經瞭解到，有一個地級市政府，它所有的行政支出都從罰款來，所以這時會知道罰多罰少，罰誰不罰誰是沒有尺度的，當要求政府部門公開這些資訊時，他們當然會害怕。

與此同時，我們也去和法院談。當時中國法院有一個非常嚴重的問題，判了不執行。在二〇〇五年，據說百分之七十的案子是不執行的。而如果當事人不執行，受益人可以要求法院重新立案，這個案子就叫強制執行案件。到了二〇一四年，在所有強制執行案件當中，如果法院認定有能力執行而不執行的，要對其進行信用懲罰，這部份案件佔了所有強制執行案件超過百分之四十。信用懲罰是法院設立的一個新名詞，具體操作是把這些有能力執行而不執行的案件資訊放到一個數據庫中，並對社會公開這個數據庫。這部份資訊，可以進入徵信系統數據庫，但實際上，我最希望的是法院所有判決，只要不涉及少年兒童隱私保護，全部上網公開。

徵信系統歷史

我們從**表一**可見，人民銀行徵信系統的建設歷程其實很早。一九八四年國家開始設立「四大行」（中國工商銀行、中國農業銀行、中國銀行、中國建設銀行），後來銀行開始跨行借款，人民銀行從管理角度出台了貸款證，有了這個證，企業才能貸款。一家企業到銀行借款，如果銀行給它

表一：人民銀行二十年的徵信系統建設歷史

年份	大事紀
1992－1996 年	紙質貸款證
1997－2002 年	銀行信貸登記諮詢系統
1999 年	個人徵信上海試點
2004 年	全國集中統一的企業和個人徵信系統
2006 年	企業和個人徵信系統全國聯網運行
2013 年	國家金融信用資訊基礎資料庫

資料來源：中國人民銀行徵信中心

貸款就要把相關情況記錄在本子上；企業如果再到下一家貸款，要把這個小本給另外一家銀行，另外一家銀行看後，知道你已經有一筆貸款了，如果決定還是貸款給你的話再把情況寫上去。在徵信系統建成以後，我們終於把這個小本子變成了電腦模型。

受制於當時的技術條件，徵信系統是由三百多個地市一級人民銀行牽頭，把當地的金融機構組織起來，等於建了三百多個數據庫。後來在這三百多個數據庫基礎上，各省又集中了。二〇〇二年，在各省集中的基礎上，全國也集中了。但是全國集中只能從上往下看，當時跨城市查詢非常不方便。普遍的做法，是下班時把查詢申請遞進去，如果運氣好，第二天早晨查詢結果能出來。所以在這種背景下，直到二〇〇五年全國才開始集中統一建立企業徵信系統的數據庫。

對個人來說，一九九八年住房體制改革後，中國的老百姓才開始向銀行借錢，在此之前，銀行跟客戶的關係基本就是現金存取。當時東南沿海、上海、江浙地區永遠走在前面，所以一九九九年第一個徵信系統試點設在了上海，二〇〇四年開始建立全國集中統一的個人徵信系統。我當時研究時說了一句話，上海徵信做得再好也抓不住溫州炒房團，雖然兩個地方挨得很近，但是因為行政區劃原因，上海徵信只能採集在上海的金融機構之貸款資訊，溫州以及其他地方都無法採集。所以二〇〇四年，我們決定做全國集中統一的徵信系統，二〇〇六年一月開始在全國聯網運行。

徵信系統現況

二〇一三年《徵信管理條例辦法》（以下簡稱《條例》）出來的時候，正式給了徵信系統一個名字——國家金融信用資訊技術數據庫。數據庫的定位概括起來有以下四點需要注意：

第一點，國家建庫；第二點，從事貸款的機構必須報送，也就是說，只要從事放貸款，任何機構都要向金融數據庫報送數據；第三點，是專業化的機構運行維護和管理；第四點，是一定堅持不以營利為目的。

這個徵信系統目前來說覆蓋了整個信貸市場。首先，它是機構全覆蓋的，所有銀監會批准的機構都要向它報數據，包括金融機構、小額貸款公司、融資性租賃公司、信託投資公司等；其次，它是地域全覆蓋，全國九百六十萬平方公里全覆蓋；第三，是系統業務全覆蓋。很多國家只報負面資訊，像現在最保守的法國，只報欠款資訊，當還款完成後，資訊就被刪掉了。但這個徵信系統是按照我們認為的國際上的最佳做法，除了有一定的懲罰性質，同時也幫助每個人管理信貸，防止過度負債，所以會將所有借款資訊的正面資訊報進來。所謂正面資訊是指借款合同以及信用卡資訊，比如有人給你貸款就是正面資訊；第四，有很多支持系統，比如跟公安的身份證系統、質監總局的機構信用代碼庫、三十一個省的社保中心聯網了。

從**圖一**顯示的流程上來看，徵信系統是人民銀行的，資訊來源主要是金融機構、政府部門和其他機構；徵信系統的主要產品是信用報告，使用者現在主要是金融機構、政府部門、司法機構、資訊主

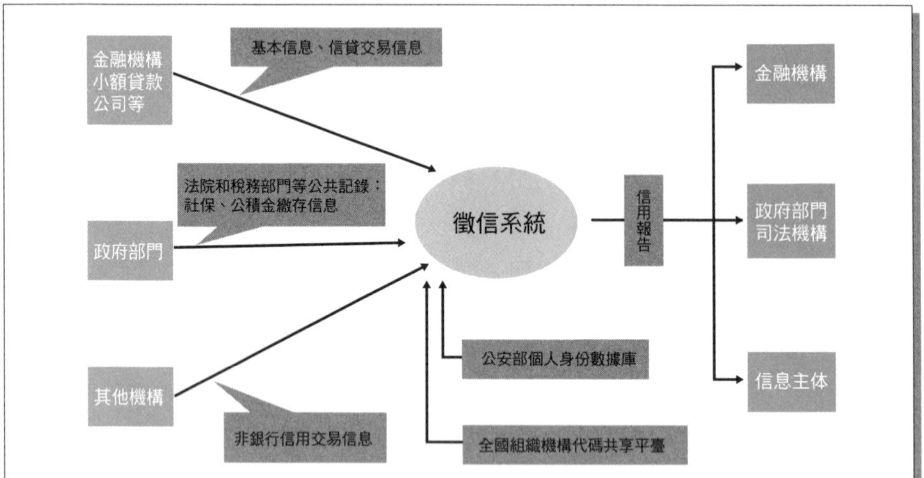

圖一：徵信系統資訊採集與使用

資料來源：中國人民銀行徵信中心

體本人。

徵信系統公共資訊的可得性

關於公共資訊的可得性問題，其實上文已經談到過，最終要有一個立足點，解決政府資訊公開和社會公眾對公共資訊的知情權問題，必須通過立法。任何一個機構如果做超出履行自己本身職責所必需之外的事情，都不可持久。拿行政處罰資訊來說，最有利的是上網生效。再比如法院判決，除了送達本人生效之外，還應該再加一句上網生效。而登記類資訊本來就應該公開，如果不能在互聯網主頁上公開，就應該能讓老百姓用一種比較方便的方法查詢到。如果資訊公開做到這一點，這個社會會進步很多。

徵信系統的特點及規模

為了搞清楚理念，先看徵信系統有哪幾個特點：

第一，數據庫全國集中，與銀行和其他放貸機構都是一點接入。

舉個例子，人民銀行接入工商銀行徵信系統就是一個點，當時中心建成得很快，兩年之內（二〇〇四年至二〇〇六年）就建成了。主要利用了工商銀行以及人民銀行兩個全國覆蓋的網路，接入以後人民銀行徵信系統的數據庫便能覆蓋全國九百六十萬平方公里內的全部工商銀行。第二，效率高，秒級響應。身份證遞給查詢員，查詢員輸入姓名及身份證號碼後，電腦就能打出結果。第三，核心數據是信貸資訊，徵信系統的核心數據永遠是信貸資訊，除此之外，應該加上一些公共資訊。第四，統一的制度、標準、授權及管理。

徵信系統的規模，基本覆蓋所有貸款類金融機構，到二〇一四年底，基本覆蓋全國每一個有信用活動的機構和個人。從**圖二**及**圖三**的數據上看，目前徵信系統收納了一千九百多萬家企業和其他組織，以及八點六億個自然人，而這些收錄的企業戶數和自然人數是逐年增長的，下一步增長多快？就要看小額貸款公司、**P2P**，包

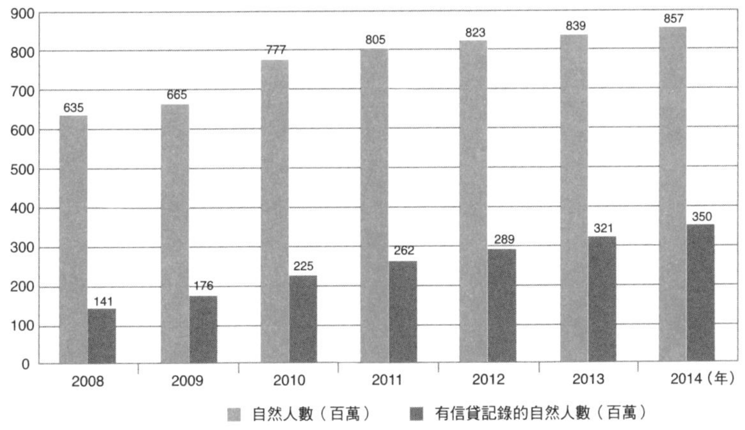

圖二：二〇一四年十二月底企業徵信系統收錄的自然人數

資料來源：中國人民銀行徵信中心

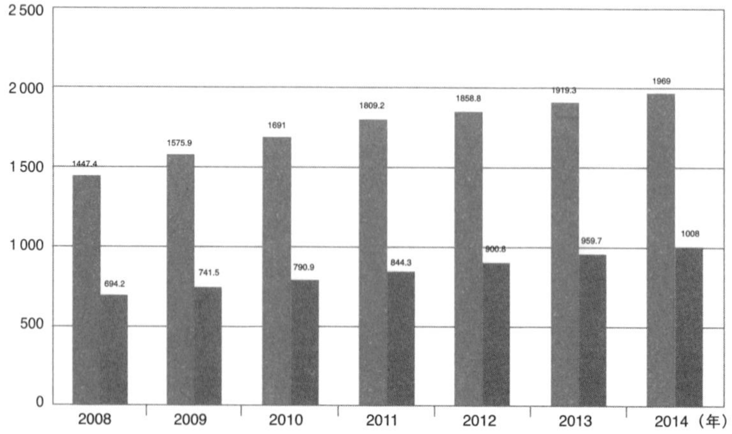

圖三：二〇一四年十二月底個人徵信系統收錄的機構數

資料來源：中國人民銀行徵信中心

括銀行自身的發展，因為這個規模的增長意味著把金融系統的陌生人介紹到金融系統裡來。對主體權利的保護，這點是我非常在意的。從整個法律框架來說，主要涉及授權採集、授權查詢、知情權、異議權和司法救濟權等。

徵信系統對資訊主體權利的保護

目前《條例》相關的第一條保護措施是要求授權採集。但我其實非常不看重這一條，為什麼？如果不同意銀行報送數據，銀行就不會貸款給你，這是第一點；第二點，《條例》要求貸款人必須在獲得借款人同意的情況下，才能報數據。但其實，借款人在這個情況下不得不同意，所以這是一條看上去很美，但沒有什麼實際效用的條例。這個概念，現在幾乎所有的網路平台都在借鑒，好像給了數據主體很大權利，但實際上沒有任何作用。

在新的《條例》下，授權查詢這條就是指本人同意就可以用，本人同意就可以查。但我其實更贊成之前人民銀行提出的框架，那個框架是說：第一，這些數據能夠用在什麼方面要有明確規定，再在明確規定的情況下，徵得本人同意，等於是兩道鎖。

第三是知情權。知情權包括兩方面的概念：一個方面是老百姓有權知道徵信系統的存在，有權知道這個系統產生哪些資訊、會幹什麼，所以人民銀行還在徵信管理局裡成立了一個宣傳處進行相關宣傳工作；另外一方面，知情權也表示個人對採集數據庫裡面本人的所有資訊有充份知情權。個人版的信用報告是徵信系統裡面資訊最全的一版報告，所以我建議大家都去查一下。現在《條例》規定每人每年可以免費查兩次，只要有人民銀行的地方就能拿著身份證複印件去查，全國各地二千多個地方都可以查。

第四是異議權，如果發現信用報告裡面的資訊有誤，可以馬上到徵信中心或者是通知辦業務的相關銀行，說明哪條資料錯了。不僅是《條例》，人民銀行以前也有一條明確規定──相應工作日內必須查實異議。如果資料確實有誤，必須改掉。現在，由於資訊紀錄產生的錯誤越來越小，但是本人資訊更新不及時而導致的錯誤還是比較普遍的。我不知道你們換單位以後，有沒有及時給銀行打電話。對於我來說，辦公室搬了，我幹的第一件事就是打電話到銀行改信用卡賬單地址等，如果不去做這件事情，銀行是沒辦法知道的。

最後是司法救濟權。如果你認為資訊錯了，沒有貸款，但銀行查下來說你的簽字在這，這筆錢就是你貸的，怎麼辦，打官司。徵信中心從成立到現在為止，已經有十幾個被消費者本人告上法庭的案件，只要法院說銀行是錯的，我們馬上改數據或者把這筆資訊刪掉。所以，徵信數據從銀行櫃檯到徵信系統，最後到商業銀行用戶有一個長長的鏈條，在這個鏈條裡的每一個環節，誰的錯，誰負責。

徵信系統的應用和作用

目前，企業徵信系統全國有將近十四萬個查詢終端，個人徵信系統將近十五點六萬個自然人，而查詢次數上，企業徵信系統累計三點四億次，二〇一三年日均將近三十萬次；個人累計十三點七億次，二〇一三年日均九十三點八萬次。最高日均查個人信用報告將近二百萬次，也就是說，在一天之內，有二百萬個自然人的信用報告被查。其實我跟各個政府部門談的時候，曾說我們的徵信系統建立了一條信用高速公路，如果把各部門對企業和個人的處罰資訊加到這條高速公路上，是能幫助加強執法能力的，但除了環保局，其他很多部門並不理會。**圖四**顯示了二〇一〇至二〇一四年的企業及個人徵信系統查詢次數。

徵信系統的作用有幾方面：

第一是提高商業銀行風險管理水準。企業資訊系統是

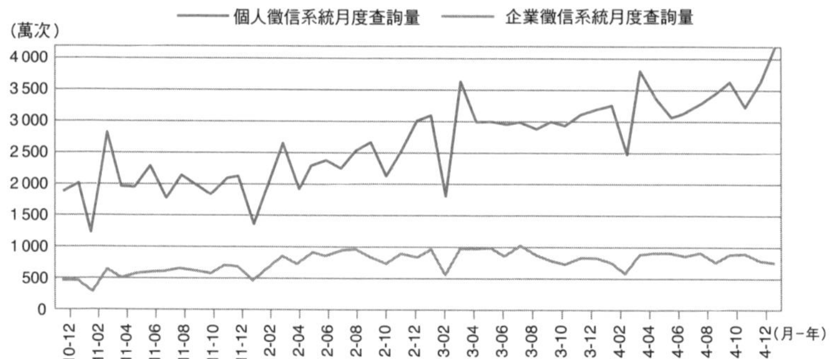

圖四：企業及個人徵信系統查詢量月度變化趨勢

資料來源：中國人民銀行徵信中心

一九九七年開始建的，在那之前銀行根本沒有存儲數據的習慣。到今天為止，拒貸客戶的資訊總行想存，分支行不幹，因為增加成本，而且對於當期業務考核來說也沒有好處。但存儲這些資訊對於進一步擴展銀行業務是有很多好處的。伴隨著徵信系統的建設，銀行對數據也必須要重視起來了，同時為了把數據準確地報給徵信系統，銀行也已經開始建立內部系統。

第二提高了審貸效率，這也是顯而易見的。交通銀行在引進國外戰略投資者時，新開的信用卡部門基本建設完畢，但國外的合作銀行突然發現交行沒有徵信系統，就質疑沒有徵信系統銀行怎麼核發信用卡。這的確不是開玩笑，徵信系統在提高審貸效率、促進信用貸款發放方面發揮了很大的作用，客觀上，也幫助了信貸市場在過去幾年的快速增長，尤其是對於個人信貸市場而言。此外，這一系統也有助於銀行拒絕高風險客戶、預警高風險和清收不良貸款。

互聯網金融與徵信系統

最後是互聯網金融與徵信系統的關係，一方面，徵信系統支持了互聯網金融，在這個系統下，放貸人之間的資訊是共享的，這樣有助於形成更全面的資訊。而銀監會規定了機構在放貸之前必須清查人民銀行的徵信系統，這樣有助於提高互聯網金融的風控水準。關於放貸人信用之間的共享系統，以上海資信公司為例，它根據徵信中心的統一部署，搭建了互聯網金融的徵信平台，現在已經有兩百多家機構接入了上海資信公司的互聯網徵信平台，實現了**P2P**機構之間的資訊共享，在技術上採取了跟徵信系統完全吻合的一部份。對於徵信中心來說，未來的後台是集中統一的，只不過是前台服務客戶這方面可能會由上海資信來做。

另一方面，互聯網金融會完善徵信系統。很簡單，互聯網金融可以把更多的陌生人通過貸款介紹給金融系統，使其變成金融系統的熟人。此外，像阿里巴巴平台、京東平台，還有其他各類平台，每個小業主在不同平台上都有表現，如果整合這些資訊能形成一個比較大的非信貸資訊的平台，它服務於社會的意義遠大於共享的意義，一旦這些平台上的資訊，特別是對風險管理和評估有用的資訊向整個金融系統開放的話，這將是另外一個故事。但僅目前而言，電商辦金融、金融辦電商的局面未來怎麼發展，我們還是要拭目以待。

CHAPTER 12
金融與電商爭雄，大數據如影隨形

宣曉華
上海華院數據技術有限公司董事長

引言

二〇〇九年麥肯錫發表報告引出大數據的概念，並認為大數據方法可能會對整個世界的管理產生影響。自此大數據影響一發不可收拾。未來數據分析在大數據時代會得到大量的應用，它能解決很多問題，並且不光在金融行業，在行銷領域、疾病預測、醫學行業等，都能產生應用。本章聚焦金融與電商行業，解析隨著數據的增加，大數據如何在多個領域幫助人們決策與判斷。

大資料分析的基本方法

用數據來發現規律這件事人們很早就在做了。後來，牛頓發現可以用非常簡單的數據來推斷事物的未來，發明了微積分，對人類歷史發展影響深遠。學過微積分的人都知道，只要有確定事物規律的方程式，再加上一個初始條件，就可以用一個微積分方程式預知很多事件的未來。牛頓的這個方法對自然科學非常有用，很多自然科學可以通過方程式來描述。在牛頓之後的幾個世紀裡，大部份科學家都使用牛頓的方法來研究世界。但是在另外一些與人、與管理有關的學科上，要使用牛頓的方法就很困難。

從統計角度而言，向上拋硬幣，只要硬幣形狀是對稱的，就可以認定它落下時出現正面或反面的概率一樣。我們可以通過這些基本假設研究出很多跟統計有關的規律，這個規律我們稱做統計規律。

隨著電腦的發展，大量數據產生，現在人們開始更多用數據去發現規律。隨著數據的增多、普遍，數據挖掘概念應運而生。數據挖掘在二十世紀就存在，本書第一章中講的沃爾瑪超市將尿布和啤酒搭配銷售就是一個傳統數據挖掘的經典例子。傳統的數據挖掘方法在金融行業用的最多，信用卡行業就是最早利用數據挖掘來經營業務的。信用卡業務之所以能夠進行下去，最重要的是得預測哪些人欠了錢會還，哪些人欠錢不會還，這些都可以通過數據挖掘來實現。經由演算法找到規律，找到決定區分的因素，就能分開這兩撥人。這實際上就是數據挖掘。

數據挖掘和更多新方法在大數據時代會得到更大量的應用，它能解決很多問題。在金融、行銷、風險控制、疾病預測等方面都能產生應用。隨著大數據時代數據的增加，一部份問題能夠得到解決。二〇一一年麥肯錫發表報告認為大數據方法會對整個世界的管理產生影響。

金融與電商的下一步擴張

在國外，金融是傳統數據分析和挖掘應用最大的領域。大數據在零售銀行裡也得到廣泛應用，比如信用卡會記錄消費者的消費行為，這對個人業務經營非常重要。但在中國國內，因為之前金融的業務結構主要是吸收低利息存款，再以較高利息貸給大企業，所以整體來說不那麼重視數據分析和挖掘。現在隨著利率開放和其他金融機構的增多（如互聯網金融），傳統銀行也開始更多地關注和擴展零售銀行、消費金融、小企業貸款、供應鏈金融等業務。這些業務的發展和深度運營都需要數據和數據分析方法做基礎。

再看電商，電商是一個數據收集比較完整的行業，而且行業內的競爭非常激烈。減少行銷費用、增加行銷精準度，對電商行業來說非常重要。雖然電商的發展時間很短，但他們的數據化經營發展得非常快，掌握了很多經由數據經營業務的方法，包括客戶行銷、產品搭配銷售等。在非常短的時間裡，亞馬遜、天貓平台上的網商就達到了沃爾瑪將啤酒和尿布搭配銷售的水準。電商平台本身則利用數據優勢切入金融業務，如阿里巴巴、京東都相繼推出了消費金融、企業貸款等業務。這為消費者和企業提供了新的金融通道。

金融行業中有兩個重要的數據分析和挖掘的應用領域：風險和行銷。銀行的信用卡業務、個人消費貸款業務、小微企業貸款業務等都可以通過數據方法來優化風險控制，行銷同理。金融行業往往有大量客戶，那麼識別客戶價值這些問題也是有規律的。舉個例子，每個月都有一些人離開這家銀行轉到另外一家銀行，如果能夠把離開的人和不離開的人的資訊收集起來，通過數據挖掘出算法，找到規律，就可以預測哪些人何時會離開。另外一個應用是客戶價值判斷。銀行以前用的價值判斷，是按照存款來判斷不同客戶的級別，存五十萬是不錯的客戶，存二百五十萬就是VIP客戶。但實際上有更好的方式來判斷客戶價值。有些人雖然在銀行裡沒有存錢，但從其轉賬、取現、消費等行為可以推斷出這些人實際上很有錢，無非是這些人沒有在銀行裡存錢，而這些客戶就是銀行要想方設法吸引的。這種價值判斷方式可以大幅度提升銀行利潤。

大數據對既有模型的衝擊

大數據會對模型製作產生什麼樣的影響呢？以前的模型是基於消費行為，記錄的是平常的數據。過去的數據挖掘方式雖然非常有效，但現在金融行業對一個人的瞭解可以遠遠超出這些。

現在有了微信、微博，產生了大量社交資訊，互聯網金融企業也開始用這些數據來判斷個人的風險度量和行銷偏好。當我們向銀行申請信用卡或者向互聯網金融企業申請貸款時，對方可以要求我們提供個人微博、微信賬號。往往人們的微博裡有自己發的文字、關注的人，還有其他社會關係，以及本身所處工作領域等資訊，銀行可就此做出判斷。

整個徵信體系肯定也會發生變化。以前的徵信體系都是基於金融機構的消費紀錄，新的徵信體系會把大量其他數據結合起來，共同來推斷個人的行為和信用。傳統的信用評分是：設計一些指標，可能是年齡、財務狀況等，把每個指標的分數加起來，能得到一個評分，它通過分類算法建立。大數據時代的信用評分也要建立這種評分表，但它的指標會更廣更寬，應用數據的方法可能也會改變。總體來說，我們希望這種評分表比主觀判斷更準確。這是數據挖掘和傳統大數據分析所要做的提升。

小微企業是中國的一個難題，也是政府非常重視的問題。需要針對小微企業建立好的評分模型。電商是一個相對比較容易建立評分模型的行業，因為電商的經營數據非常完整，而且很多產品評價數據相對公開，在淘寶交易平台上，或是天貓平台上都可以獲得。和銀聯有關的商戶也是我們現在在關注的一類企業。這類企業的經營狀況在銀聯處可以體現，因為所有的交易都有紀錄，可以用這些紀錄來補充小企業的信用評分。大數據在風控，尤其在個人貸款和小微企業貸款上，是可以得出好結果的。

用大數據行銷

怎麼能夠把用戶分成很多細類，然後進行評估，推斷有沒有可能流失，同時什麼樣的產品搭配比較好，這是我們給金融行業做模型時需要考慮的。隨著大數據的增加，這些模型會更準確。

先來看一下如何將客戶分類。其實銀行已經有很多交易數據，經過處理和聚類，可把客戶分成不同的組，同組人的消費行為非常類似，但不同組的人消費行為很不相同。有些人對服務感興趣，有些人對價格感興趣，每組客戶所需要的服務和產品不一樣，可以針對不同組設計相應的服務產品。任何行銷和客戶管理，細分都是基礎。有了細分後，還需要一種叫做行銷自動化的工具，它會根據客戶的管道偏好、產品偏好自動發起活動。活動執行後再看客戶的反饋，得到反饋數據，優化活動，最終使行銷更加精準。

以上是我們在金融行業做的一些實踐，主要集中在兩個領域：一是基於數據的精確行銷，二是基於數據的金融風險度量。一言以蔽之，大數據在金融行業的應用是大有可為的。

國家圖書館出版品預行編目 (CIP) 資料

十二波顛覆金融的新浪潮——迎戰金融4.0/ 魏本華主編. -- 第一版. -- 臺北市 : 風格司藝術創作坊, 2016.04

面； 公分

ISBN 978-986-92628-4-2 (平裝)

1.金融管理

561.7　　104028580

十二波顛覆金融的新浪潮——迎戰金融4.0

作　　者：魏本華主編
編　　輯：苗龍
發 行 人：謝俊龍
出　　版：風格司藝術創作坊
106 台北市安居街118巷17號
Tel: (02) 8732-0530　Fax: (02) 8732-0531
http://www.clio.com.tw
總 經 銷：紅螞蟻圖書有限公司
Tel: (02) 2795-3656　Fax: (02) 2795-4100
地址：台北市內湖區舊宗路二段121巷19號
http://www.e-redant.com
出版日期／2016 年 05 月　第一版第一刷
定　　價／360 元

ISBN 978-986-92628-4-2　Printed in Taiwan

Knowledge House & Walnut Tree Publishing

Knowledge House & Walnut Tree Publishing